河北省社会科学基金重点项目"基于DPSIR视角的河北省土地生态安全风险评价研究"（HB19JL001）

基于DPSIR视角的河北省土地生态安全风险评价研究

崔娟敏　著

吉林大学出版社

·长春·

图书在版编目（CIP）数据

基于DPSIR视角的河北省土地生态安全风险评价研究 / 崔娟敏著．— 长春：吉林大学出版社，2021.9
 ISBN 978-7-5692-9063-9

Ⅰ．①基… Ⅱ．①崔… Ⅲ．①土地利用－生态安全－安全评价－研究－河北 Ⅳ．① F323.211

中国版本图书馆CIP数据核字（2021）第207695号

书　　名：基于DPSIR视角的河北省土地生态安全风险评价研究
　　　　　JIYU DPSIR SHIJIAO DE HEBEI SHENG TUDI SHENGTAI ANQUAN FENGXIAN PINGJIA YANJIU

作　　者：崔娟敏　著
策划编辑：邵宇彤
责任编辑：单海霞
责任校对：刘守秀
装帧设计：优盛文化
出版发行：吉林大学出版社
社　　址：长春市人民大街4059号
邮政编码：130021
发行电话：0431-89580028/29/21
网　　址：http://www.jlup.com.cn
电子邮箱：jdcbs@jlu.edu.cn
印　　刷：定州启航印刷有限公司
成品尺寸：170mm×240mm　　16开
印　　张：10.5
字　　数：175千字
版　　次：2021年9月第1版
印　　次：2021年9月第1次
书　　号：ISBN 978-7-5692-9063-9
定　　价：54.00元

版权所有　　翻印必究

序言 Preface

长期以来，人口的不断增长、工业污染以及资源的不合理利用，如耕地过度开垦、陡坡种植、超采地下水等，使土地沙化、土壤盐碱化、水土流失、土地污染等生态环境问题频出，已严重破坏生态平衡，影响到了自然生态环境状况和社会经济的可持续发展，需要引起地方各级政府的高度重视。

土地生态安全风险评价已从早期单一的土地利用变化研究延伸到时空动态变化和景观结构角度的研究，研究的技术手段也不断发展，但是基础理论的研究还有待进一步深入，特别是土地生态安全风险评价中不确定性的定量化处理还有待解决。随着土地利用强度持续加大，河北省出现了水土流失、土地沙漠化、土壤污染等许多土地生态问题。土地生态安全已成为区域生态安全研究的重点。为了维护区域土地的生态安全，审视区域生态安全的价值，探索土地生态保护的途径，亟须构建区域土地生态安全风险评价模型、评价指标体系和评价标准，对河北省土地生态安全风险进行评价，从维护区域生态安全的角度出发认识维护国家安全的重要性，从维护区域土地生态安全的角度出发审视区域生态安全的价值，探索土地生态保护的途径。

基于此，受河北省哲学社会科学办公室委托，课题组于2019年开展了河北省社会科学基金重点项目"基于DPSIR视角的河北省土地生态安全风险评价研究"（HB19JL001）研究工作。通过两年多的研究，经历资料收集、专题调研、技术攻关、实践评估和综合分析论证五个阶段，采用DPSIR-KRUSKAL[DPSIR（驱动力—压力—状态—影响—响应）-KRUSKAL

（克鲁斯卡尔算法）]与模糊聚类分析相结合的方法，以2010年、2012年、2014年、2016年和2018年为研究时段，对河北省168个县（市、区）建立了土地生态安全DPSIR传导与影响框架，运用CRITIC-熵权法确立各评价指标的权重。通过KRUSKAL进行模糊聚类，计算土地生态安全评价综合值，对不同土地生态安全区进行级别划分。结果表明：2018年，河北省生态安全区（1级）20个、生态较安全区（2级）21个，生态基本安全区（3级）67个，生态临界区（4级）49个，生态不安全区（5级）11个。2010—2018年，河北省168个县（市、区）的土地生态安全状况处于不断转好的趋势，土地生态安全级别不断上升。安全等级1级区域增加了13个，5级区域减少了51个。其中，2010—2014年河北省南部平原区、中东部区、东部部分沿海区包括石家庄、保定、邢台、衡水、邯郸、廊坊、沧州、唐山的62个县（市、区）处于不安全等级；86个县（市、区）处于临界安全或基本安全等级。2014年以后，土地生态安全情况开始迅速由不安全级别向临界级和基本安全级变化，河北省南部平原区、中东部区、东部部分沿海区的土地生态安全等级显著提高，安全、较安全和基本安全等级的县（市、区）明显增加，并开始以北京、天津、石家庄为中心，带动中南部地区城市群和周边县（市、区）土地生态安全等级稳步提升。本专著就是在此研究核心成果基础上形成的。

本著作由河北民族师范学院崔娟敏著，全书共分六章。河北民族师范学院季文光博士、成福伟教授、张坤副教授、林永会老师在本著作编写过程中给予大力支持并做了大量工作。在此特向为本著作做出贡献的领导、老师、同仁表示深深的感谢。

本著作在编写过程中得到了国家民委日韩绿色发展中心、承德绿色发展哲学社会科学研究基地、河北民族师范学院科研处的大力支持，在此一并表示感谢。

此外，本著作撰写过程中参阅了大量专业资料、书籍及论文，在此仅向这些论著的作者表示诚挚的谢意。由于作者水平有限，加之时间紧迫，本著作难免存在不当之处，敬请广大读者、同行提出批评意见。

目 录 Contents

第一章 绪 论 ·· 001

    一、研究的背景及意义 ·· 001

    二、国内外研究现状 ·· 003

    三、研究内容 ·· 006

    四、研究的思路和方法 ·· 011

第二章 河北省土地生态现状 ··· 013

    一、土地利用现状及分布 ·· 013

    二、土地沙化状况 ··· 015

    三、土地生态环境存在的问题及原因 ································· 028

第三章 河北省土地生态安全评价指标体系构建 ···················· 030

    一、评价指标体系构建及权重确定 ··································· 030

    二、构建模糊聚类矩阵 ··· 033

第四章 河北省土地生态安全评价 ······································· 034

    一、研究区域概况与数据来源 ·· 034

    二、构建模糊聚类矩阵 ··· 039

    三、KRUSKAL 模糊聚类 ·· 040

    四、评价等级划分 ··· 041

    五、结果与分析 ·· 042

第五章　河北省土地生态安全变化分析 ········· 048
　　一、土地生态安全时间变化分析 ········· 048
　　二、土地生态安全空间差异分析 ········· 049
　　三、土地生态安全影响因素分析 ········· 050

第六章　专题研究 ········· 051
　　一、河北省耕地生态质量安全影响因素及保护策略研究 ········· 051
　　二、基于土地生态质量类型区的河北省土地生态环境建设研究 ········· 055
　　三、河北省石家庄市生态环境建设研究 ········· 059

附录 ········· 105

参考文献 ········· 141

后　记 ········· 160

第一章 绪 论

一、研究的背景及意义

(一) 研究的背景

我国政府制定的社会可持续发展战略,鲜明地提出了中国在21世纪的经济发展要将以粗放经营为特征的传统发展模式转变为效益型的发展模式,从经济发展与生态的关系来说,就是要在发展中努力实现对资源的耗竭速率不能超过资源的再生和增长率、对环境的损害率不能超过环境复速率。今后河北省将进入全面建设小康社会的重要发展阶段,人口、资源、生态环境和经济如何协调和可持续发展,如何为实现全面建设小康社会目标服务,是亟待回答的重大问题。正确处理人与自然的关系、发展与环境的关系,正是我们在实现全面建设小康社会目标过程中要注意的问题。

冀西北地区属华北平原到内蒙古高原的过渡地带,包括张家口的全部和承德西北部,总面积 $5.5 \times 10^4 \text{ km}^2$。土地贫瘠,沙化严重,自然灾害频繁,因此生态环境的脆弱显现得愈来愈严重。主要表现为坝上地区草场退化严重,土地的风蚀沙化仍在持续,草地面积减少;坝下地区丘陵山地面积大,荒山、荒坡,植被稀疏,水土流失严重,对农业生产及生态环境产生巨大影响,已成为制约当地经济发展的重要因素,也对首都北京乃至天津的空气质量、水质构成了威胁。沙化较轻地带由于土壤结构松散,肥力低下,保水保肥能力差,农作物正常年景亩产 100 kg 左右;沙化较重地风蚀表土层较 10 年前下深 $5 \sim 10$ cm。地表呈现沙砾裸露,植被稀疏,农作困难,干旱年份无收获,更形不成草原植被。遇风极易起尘或扬沙，危害甚重。怀来县的南马场沙丘，俗称"天漠"，距北京天安门直线距离仅 70 km，大风天气沙尘会随风飘向北京，对首都造成危害。

生态环境问题已成为阻碍河北省地方经济发展的主要因素，全省贫困县主要分布在北部的张家口、承德地区。土地生态系统退化已经成为上述贫困地区贫困的决定因素，而土地生态系统退化又是人类不合理利用土地的结果。主要表现有对边际耕地的大量开垦，包括山区对坡地的开垦，坝上地区对草地的开垦等；对植被的严重破坏，包括山区对森林的破坏形成大范围的荒草地，坝上地区对草地的过度利用造成草地严重退化等。因此，恢复原有生态系统平衡体系，大力调整不合理的土地利用结构，发展经济、消除贫困，实现资源的可持续利用，已成为当务之急。

国际经济合作与发展组织（OECD）于 1990 年提出了广泛应用于生态安全评价研究的"压力—状态—响应"（PSR）框架模型，1992 年提出了概念模型"驱动力—状态—响应"（DSR）。随后，欧洲环境局（EEA）在 PSR 模型的基础上提出了框架模型"驱动力—压力—状态—影响—响应"（DPSIR）。黄辉玲运用物元分析方法，以河北省为例构建了土地生态安全评价的综合评判模型。孙奇奇对哈尔滨市的土地生态安全利用主成分分析法进行了评价。Susan 利用澳大利亚河流生物评估系统（AUSRIVAS）对土地生态安全状况进行了土地生态安全评价。杨青通过构建生态足迹模型，采用生态足迹法对辽宁省 2003—2012 年土地生态安全状况进行了土地生态安全评价。王鹏综合运用 PSR 模型、熵权法和综合指数法等方法对宁夏回族自治区青铜峡市土地生态安全状况进行土地生态安全评价。由研究发展历程可以看出，土地生态安全评价方法是在生态安全评价研究的 PSR 框架模型的基础上发展起来的。目前，多采用 PSR、DPSIR、层次分析法以及生态足迹法，而对于 DPSIR-KRUSKAL 进行土地生态安全评价的研究较少，到目前为止，国内外也未见通过 DPSIR-KRUSKAL 方法构建较为系统的土地生态安全评价的指标体系。

土地生态安全风险评价已从早期的单一的土地利用变化研究延伸到时空动态变化和景观结构角度的研究，研究的技术手段也不断发展，但是基础理论的研究还有待进一步深入，特别是土地生态安全风险评价中不确定性的定量化处理还有待解决。随着土地利用强度持续加大，河北省出现了水土流失、土地沙漠化、土壤污染等许多土地生态问题。土地生态安全已成为区域生态安全研究的重点。为了维护区域土地的生态安全，审视区域生态安全的价值，探索土地生态保护的途径，采用 DPSIR-KRUSKAL 与模糊聚类分析相结合的方法，对河北省 168 个县（市、区）土地生态安全区进行级别划分。为政府实现自然、经济和社会的生态安全以及制定土地生态保护的政策和措施提供理论支撑和智力支持。

（二）研究的意义

1. 学术价值

土地生态安全风险评价的研究兴起时间较短，其概念、内涵等各方面都有待完善。本研究从生态经济学理论、系统理论和景观生态学理论出发，分析土地生态安全风险的影响机理，从理论上对土地生态安全风险的影响机理进行了系统的归纳整理，进一步深化了土地生态安全风险的研究内容。本研究尝试利用 DPSIR 评价模型进行土地生态安全风险评价。在土地生态安全风险定义和内涵研究的基础上，构建由土地自然生态安全风险、土地经济生态安全风险、土地社会生态安全风险、土地环境生态安全风险和土地利用生态安全风险五个模块构成，各模块通过影响和传导路径联系，形成一个完整的系统模型，通过测度路径关联关系和均衡状态，可以得到土地生态安全风险评价结论，为研究区域土地生态安全风险评价提供新的思路和方法。

2. 应用价值

本研究以河北省不同区域为研究对象，构建区域土地生态安全风险评价模型、评价指标体系和评价标准，对河北省土地生态安全风险进行评价，最后对不同区域的土地生态安全风险态势进行差异分析，从维护区域生态安全的角度出发认识维护国家安全的重要性，从维护区域土地生态安全的角度出发审视区域生态安全的价值，探索土地生态保护的途径，有助于制定促进区域土地可持续利用和土地生态保护的政策和措施，从而实现区域自然、经济和社会的生态安全。

二、国内外研究现状

为有效解决土地沙漠化、水土流失、土壤重金属污染、土地功能退化等土地生态中存在的问题，避免对生态环境造成更大破坏，国内外学者开展了土地生态安全风险评价相关学术研究，并取得了一些重要研究成果。在理论研究方面，具体综述如下。

（一）土地生态系统健康评价

"生态系统健康"一词于20世纪70年代提出，随后土地生态评级方法、土地生态指标体系不同类型以及土地生态系统的健康评价成为研究的重点。Rapport等（1985，1998）先后提出土地生态系统非健康状态的指标以及评价指标体系，并计算了土地生态系统的健康度。John等（2004）提出土地生态系统健康持续发展的模型，将土地生态系统健康进行扩展，以提高生态系统健康意识。Xu等（2005）进行湖泊生态系统健康水平评价，首次使用生态系统健康指数方法（EHIM），并进行了可靠性分析，此种方法可用于生态系统健康状态比较和定量评估中。Su等（2009）对多个城市的生态系统健康水平进行了评价，采用集对分析（SPA）的方法，取得了很好的效果。李玉照（2012）对金沙江流域进行了土地生态系统的健康评价，建立了涵盖林草覆盖率、土壤侵蚀模数、污染物排放量、人均GDP等在内的59个指标的指标体系，全面反映了流域的土地生态系统的健康现状。彭斌等（2016）从湖泊状态和植物生长的湖泊富营养化方面、流域人文及水文参数的湖泊萎缩方面及水污染三方面构建评价体系，对桂江流域水生态进行评价。Idrissa等（2017）对布基纳法索境内半干旱溪流进行生态系统健康评估，并通过功能组成和群落分类学进行了生物评估潜力探索。

由以上研究发展历程可以看出，土地生态系统健康方面的研究由最初的仅以土地生态系统危险症状的单一因素作为评价指标，逐渐发展到以多个因素建立不同的土地生态系统的评价指标体系，并不断探索出较为成熟的土地生态系统健康指数方法，对多种生态系统健康水平进行定量评价。目前，EHIM方法在土地生态系统健康评价中得到了广泛应用，集中于对土地生态系统的组织结构、恢复力和活力研究，从自然、社会、经济和生物健康等方面进行生态系统健康评价。

（二）土地生态风险评价

20世纪80年代末，生态风险评价因能为生态环境风险管理提供合理依据和技术支持而成为研究的热点。美国国家环境保护局（EPA）于1992年提出了"生态风险评价大纲"，成为土地生态风险评价的基础。Bartell等（1999）对加拿大温哥华的重金属对河流、湖泊和水库造成的土地生态风险采用综合水生系统模型（CASM）进行了综合评价。Bertollo（2001）通过风险识别确定评价标准及等级对意大利加尔达湖流域进行土地生态风险评价。Pollino等

（2007）将贝叶斯网络（BN）应用到土地生态风险评价并验证了此方法的可靠性和适用性。许妍等（2014）对太湖地区景观生态风险的时空动态变化特征从土地利用变化和景观结构角度建立了生态风险评价模型。李鑫等（2014）以TM 像元作为基础通过主成分分析及多元线型回归对升金湖湿地建立了土地生态风险评价模型。吴剑等（2014）通过探索性空间数据分析中的空间自相关和半方差分析方法，建立生态风险表征指数，对福建海坛岛在时间尺度上的土地生态风险进行了评价。Nicholas 等（2018）提出土地生态系统变化状况可以通过卫星遥感监测，提供长期数据集，并提出使用卫星遥感应在概念性土地生态系统模型的帮助下进行。

由以上研究发展历程可以看出，在土地生态风险评价方面，现有研究做了大量工作，研究范围也越来越广泛，当前土地生态风险评价研究也从单纯的土地利用研究扩展到区域、景观评价等相关评价研究，研究的技术手段和工具也从早期较为简单的制图到运用计算机、3S 等先进技术手段和新型工具。但相关的理论机制尚未完善，对不确定性分析的研究也不够深入，不确定性的定量化处理仍是风险评价必须解决的关键技术问题。另外，生态暴露评价是土地生态风险评价过程中最基本的组成部分，由于暴露系统的复杂性，目前还没有一个暴露的描述能适用所有的生态风险评价。因此，必须加强这方面评价方法和技术的研究。

（三）土地生态安全评价

国际经济合作与发展组织（OECD）于 1990 年提出了广泛应用于生态安全评价研究的"压力—状态—响应"（PSR）框架模型。联合国可持续发展委员会（UNCSD）于 1992 年又提出了"驱动力—状态—响应"（DSR）概念模型。随后，欧洲环境局（EEA）在 PSR 模型的基础上提出了"驱动力—压力—状态—影响—响应"（DPSIR）框架模型。Quigley 等（2001）从生态安全的角度建立了区域尺度上的安全评价指标体系，对哥伦比亚河流域的生态安全性进行评估。Huang 等（2007）构建了生态足迹压力指数（EFPI）以及区域土地生态安全的等级制度的概念和模型。黄辉玲等（2010）以河北省为例进行了实证研究，运用物元分析方法构建土地生态安全评价的综合评判模型。郑雯等（2011）运用突变模型计算各个指标的生态安全隶属度具体值。孙奇奇等（2012）利用主成分分析法对哈尔滨市的土地生态安全进行了评价。Susan 等（2013）通过对水生生物进行监测，利用澳大利亚河流生物评估系统建立了生物评估和生态安全评价之间的联系。杨青等（2016）采用能值—生态足迹模型，对辽宁省2003—2012年生态安全状况进行了土地生态安全评价。欧定华等（2017）集成RBF神经网络和克里金插值法，对成都市龙泉驿区2015—2028年土地生态安全空间变化进行了预测。王鹏等（2018）对宁夏自治区青铜峡市综合运用PSR模型、熵权法、地理探测器和GM(1, 1)预测模型、综合指数法等方法对区域土地生态安全进行了评价。

由以上研究发展历程可以看出，大部分土地生态安全评价指标体系的构建都是基于PSR、AHP以及生态足迹模型，评价因子也从单一的生态因子评价发展为多因子综合评价，指标体系基于DPSIR模型的研究相对较少，到目前为止国内尚未建立权威的有关土地生态安全的指标体系。在实际应用中，应根据研究对象的特点，积极开展DPSIR模型的研究，构建科学合理的评价指标体系。

综合以上研究，土地生态安全风险评价的研究已涉及地理学、生态学、数学、景观学以及计算机学等多学科领域，研究的成果层出不穷，研究的思路也较为清晰，但在具体的应用中存在许多不足，有些方法仍处于探索阶段。由于不同生态系统之间的差异性，土地生态安全风险评价研究目前存在的主要问题是评价指标体系的构建。因此，在今后的研究及应用中，应积极开展DPSIR模型的研究，构建科学合理的评价指标体系，合理地应用抽象模型去评价复杂且多样的土地生态系统。此外，在土地生态安全风险评价中，应注意景观生态学法的应用，将土地生态安全风险评价、预测和预警有机结合，构成完整的评价体系。

三、研究内容

（一）研究对象

土地生态安全风险的评价对象应该是在一定时期某个区域内的人类土地利用活动对环境、生态及生态系统的影响过程与效应。本研究利用土地利用变化和生态安全的相关理论，以多学科交叉为基础，以河北省不同区域为研究对象，构建区域土地生态安全风险评价模型、评价指标体系和评价标准，对河北省土地生态安全风险进行评价，最后对不同区域的土地生态安全风险态势进行差异分析。

（二）总体框架

1.河北省土地生态现状调查

在全省范围内发放500份调查问卷，调查的对象主要为环境保护部门、自然资源部门、工业企业和社会公众，重点分析对于土地生态安全风险的总体看法、改进措施，通过结构方程方法得到指标关联关系。初步选取石家庄、保定、雄安新区、邢台、衡水、邯郸、廊坊、唐山、张家口、承德等城市作为典型城市，剖析土地生态的安全、风险、破坏、保护等信息。综合调查结论作为土地生态安全风险评价模型的构建基础。

2. 土地生态安全风险 DPSIR 评价模型

构建的土地生态安全风险评价模型的框架结果如图 1-1 所示，五个模块形成一个完整的系统模型，通过影响和传导路径联系。同时，通过测度路径关联关系和均衡状态，得到土地生态安全风险评价结论。

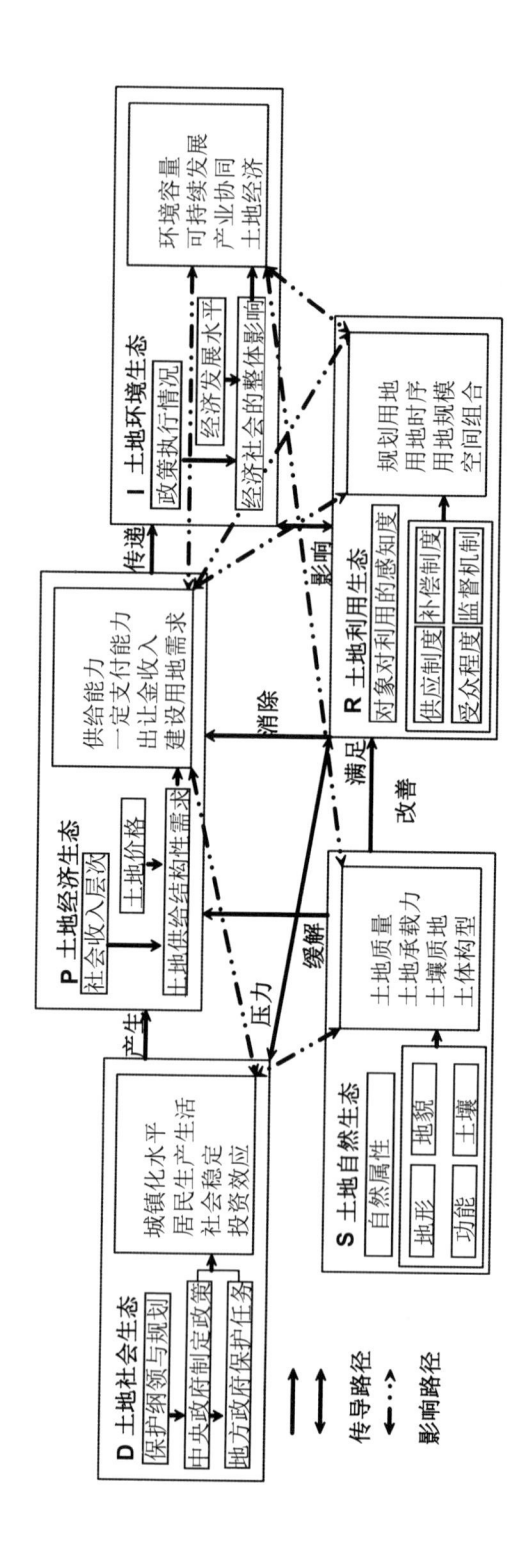

图 1-1 土地生态安全 DPSIR 传导与影响框架

3. 土地生态安全风险评价标准体系

指标体系是由五类影响因素组成的多层次且相互联系密切的评价标准体系（图1-2）。每个因素下又包含若干指标和因子。第一层是目标层；第二层是影响因素层，包含土地自然生态安全风险、土地经济生态安全风险、土地社会生态安全风险、土地环境生态安全风险和土地利用生态安全风险五个影响因素；第三层是影响指标层，包含20～30个指标；第四层是评价因子层，包含40～50个评价因子。调研结果作为评估依据。采用控制图法确定各个指标的合理区间以及预警区间。采用主成分分析法筛选影响因子，为了指标体系的推广和简化，同时考虑指标的可获得性和可靠性，力求用20个指标反映最大的信息量。

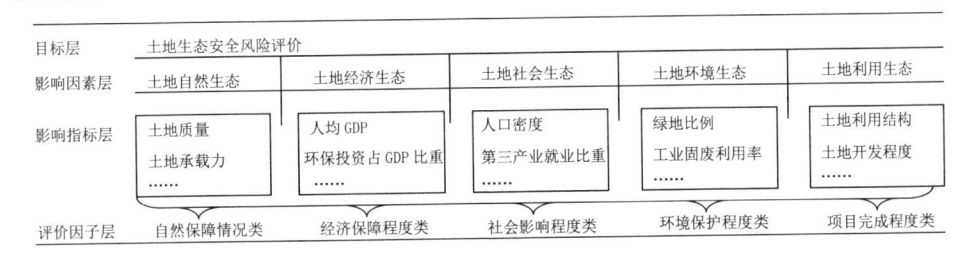

目标层	土地生态安全风险评价				
影响因素层	土地自然生态	土地经济生态	土地社会生态	土地环境生态	土地利用生态
影响指标层	土地质量 土地承载力 ……	人均GDP 环保投资占GDP比重 ……	人口密度 第三产业就业比重 ……	绿地比例 工业固废利用率 ……	土地利用结构 土地开发程度 ……
评价因子层	自然保障情况类	经济保障程度类	社会影响程度类	环境保护程度类	项目完成程度类

图1-2 土地生态安全风险评价标准体系

4. 典型城市土地生态安全风险评价

采用河北省石家庄、保定、雄安新区、邢台、衡水、邯郸、廊坊、唐山、张家口、承德的截面数据进行实证分析，将采集的定性和定量数据进行汇总并归一化处理，对各城市土地生态安全风险进行评价和排序，并对各城市的土地生态安全风险影响因素和指标层进行深入剖析，找出各城市的土地生态安全风险，提出各城市生态保护针对性的改进措施。

5. 河北省土地生态保护对策建议

初步提出的对策建议包括八个方面：土地生态保护政策应有连续性，关注土地生态保护潜在的长期性问题；应针对土地生态容量变化制定动态的土地生态保护政策；科学编制土地生态保护规划；注重土地资源利用和生态建设，统筹安排年度土地生态保护任务；切实加强制度的完善和监督；关注土地生态破坏后修复的后期管理，建立相应的评价机制；建立畅通的反馈渠道；土地资源利用规划和设计应重视生态保护的意见和要求。

（三）重点难点

1.确定模型内在关联因素的定量关系

本研究难点在于建立土地生态安全风险评价涉及影响因素的内在关联性，可以借鉴的基础研究较少。由此，需要借鉴生态环境评估领域的相关模型和技术研究路径，考虑现有评价指标结论，准确计算带有普适性特征的评价模型中因素的定量关联性程度。

2.确定评价指标正常与异常范围界限

土地生态安全风险程度最终反映的是企业和群众的感知度与认同感，设立的指标区间应反映企业和群众对自身生存和发展状况的感受和体验。另外，各地区自然状况不同，且经济和社会发展程度不均衡，应尽量使用比例性指标，并搜集 30 个以上样本，应用控制图方法（3σ 原理）确定指标最优值、合理区间和异常区间。

（四）主要目标

1.构建土地生态安全风险评价 DPSIR 框架模型

通过问卷调查和典型城市调查，提炼关键影响因素，形成由五类影响因素组成的多层次且相互联系密切的评价指标体系。依据土地生态安全风险即时性、系统性和动态性的特点，基于相关研究进展，整合价值量分析方法与感知度分析方法，构建土地生态安全风险评价 DPSIR 模型、评价指标体系和评价标准，对河北省土地生态安全风险进行评价，最后对不同区域的土地生态安全风险态势进行差异分析。

2.提出河北省土地生态安全风险评价标准和政策建议

建立普适的土地生态安全风险评价标准体系。对河北省土地生态安全风险进行评价，对不同区域的土地生态安全风险态势进行差异分析，从维护区域生态安全的角度出发认识维护国家安全的重要性，从维护区域土地的生态安全的角度出发审视区域生态安全的价值，并探索土地生态保护的途径，有助于制定促进区域土地可持续利用和土地生态保护的政策和措施，从而实现区域自然、经济和社会的生态安全，为政府进行土地生态保护提供原则性建议。

四、研究的思路和方法

（一）基本思路

1. 模型构建思路

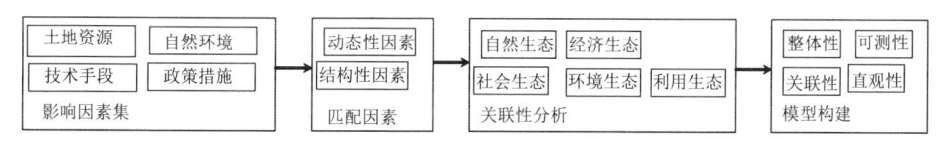

土地生态安全风险评价模型构建思路如图 1-3 所示。首先，分析土地生态安全风险的内在和外在影响要素，遴选和识别影响土地生态安全风险评价因素集，找出评价参数；其次，对影响土地生态安全风险的动态性和结构性的因素进行甄别和指标匹配；再次，界定土地自然生态安全风险、土地经济生态安全风险、土地社会生态安全风险、土地环境生态安全风险和土地利用生态安全风险五类影响因素关联性；最后，整合构建土地生态安全风险评价 DPSIR 模型并给出限定条件。

图 1-3 土地生态安全风险评价模型构建思路

2. 指标筛选思路

土地生态安全风险评价指标筛选思路如图 1-4 所示。

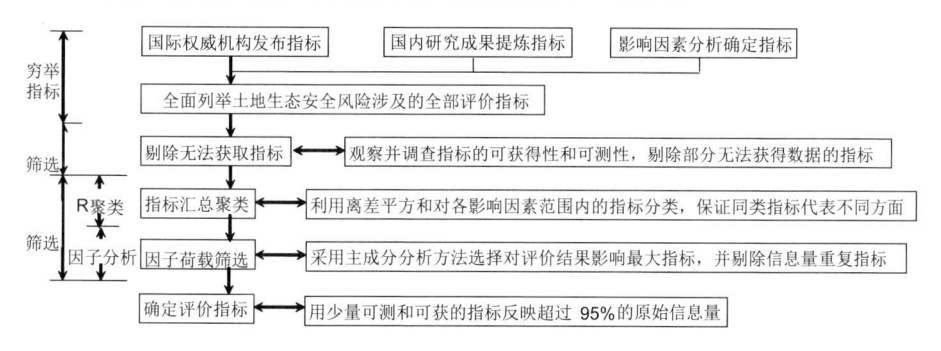

图 1-4 土地生态安全风险评价指标筛选思路

3. 研究技术路线

课题研究遵循由理论到实践、由模型到应用的技术路线（图 1-5）。

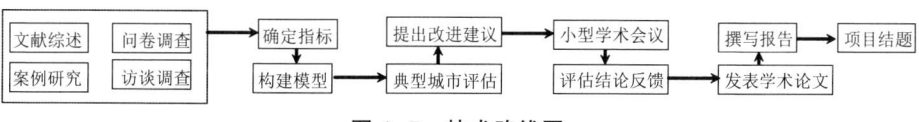

图 1-5 技术路线图

（二）具体研究方法

研究方法综合图如图 1-6 所示。

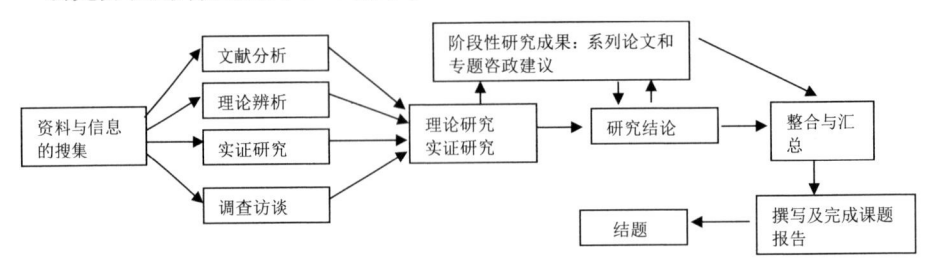

图 1-6　研究方法综合图

研究方法主要包括文献分析法、理论辨析法、实证研究和调查访谈法。将上述各种方法相结合，对国内外相关研究成果进行整理，抽取先进理论与经验；通过影响因素和指标内在关联关系建立土地生态安全风险评价 DPSIR 评价模型，选用软件 MATLAB2010B 采用模拟技术进行有效性检验。分析河北省土地生态自身特征、土地生态安全风险评价结果，并提出河北省土地生态保护的政策建议；利用访谈法与专家探讨理论进展与研究重难点；在研究过程中形成课题报告，完成论文和专题咨政建议，并最终进行论证。

第二章 河北省土地生态现状

一、土地利用现状及分布

根据河北省土地变更调查统计资料分析，到2019年末全省共有农用地面积为 $1.306 \times 10^5 \ km^2$，其中耕地 $6.52 \times 10^4 \ km^2$，园地 $8.3 \times 10^3 \ km^2$，林地 $4.59 \times 10^4 \ km^2$，牧草地 $4.0 \times 10^3 \ km^2$，其他农用地 $7.2 \times 10^3 \ km^2$；建设用地 $2.26 \times 10^4 \ km^2$，含城镇村及工矿用地 $1.96 \times 10^4 \ km^2$。从各类用地所占比重可以看出，河北省土地利用结构中，耕地面积所占比重较大，约占全省土地总面积的三分之一，其次是未利用地和林地，占全省土地总面积的22.4%、20.7%，牧草地、水域所占比重相近，园地较少，仅占全省土地总面积的2.9%，交通用地面积最少，所占比重不足1.0%。

2018年，河北省土地利用率为79.2%，高于全国平均水平，在全国属中等偏上水平。土地垦殖率36.3%，土地垦殖率在华北地区各省市区中居中等，低于天津、山东、河南，高于辽宁、北京、山西和内蒙古。全省人均耕地为1.54亩（1亩 $=0.067 \ hm^2$），与全国人均耕地持平。全省耕地复种指数平均为1.4，以太行山山麓平原和石家庄最高，为1.55和1.58；张家口、承德最低，为0.98、0.98左右。

从土地资源在河北省分布情况看，承德市、张家口市所辖面积最大，各占全省土地总面积的比例接近20.0%；其次是保定市，所占比重近12.0%；石家庄市、唐山市、邯郸市、邢台市所占比重均在6.0%以上；廊坊市辖区面积最小，仅占全省土地总面积的3.4%。

耕地总面积10 284.0万亩，占河北省总土地面积的36.3%，主要分布在东、南部平原地区。其中，水浇地面积5 072.2万亩，占总耕地面积的49.3%，遍布全省各地域，平原盆地的耕地集中连片，山地、丘陵沿坡麓及河谷两侧。旱地面积4 822.7万亩，占总耕地面积的46.9%，海河低平原区旱地所占面积最多，坝上高原耕地中旱地比重最大。

园地总面积824.4万亩，占河北省总土地面积的2.9%。其中，果园面积803.1万亩，占总园地面积97.4%，分布于全省除坝上高原外的山地、丘陵和平原。

林地总面积5 862.9亩，占河北省总土地面积的20.7%。林地分布于全省各市，但差异甚大。其中，承德、秦皇岛林地比重大，分别占该市土地总面积的55.5%、26.3%，林地比重小的是廊坊、衡水两市，分别占该市土地总面积的3.2%、1.2%。林龄结构中，幼年林居多，近成熟林比重小，可供采伐资源不多；防护林多为人造的阔叶林，分布在农区的主要为农田防护林和"四旁"树林，面积较小，从而限制了其应有的生态效益。

牧草地总面积1 225.7万亩，占河北省总土地面积的4.3%。全省牧草地分布呈明显的地域性差异。坝上高原牧草地占全省牧草地总面积的81.8%，干草原草地、草甸草原草地集中分布较多；冀北、冀西的山地和丘陵的牧草地，占全省牧草地总面积的17.9%，干草原草地、草山草坡分布较多。随着几十年的牧区人口增长，农田开垦，过度放牧，全省牧草地面积逐年减小，优质牧场比例逐年减少，尤其坝上高原北部牧草地存在退化和沙化现象。

水利设施用地总面积181.2万亩，占河北省总土地面积的0.6%。其中，唐山和沧州所占比重较大，分别占该市土地总面积的1.6%和1.5%；衡水市最小，仅占衡水市总面积的0.5%。

交通用地总面积144.6万亩，占河北省总土地面积的0.5%。其中，铁路占地面积31.8万亩，占6.4%，公路占地109.6万亩，占22.2%，全省有70.0%以上的乡镇通柏油路。

城乡居民点及工矿用地面积2 170.8万亩，占河北省总土地面积的7.7%。在城乡居民点用地中，67.1%是农村居民点，大、中、小城市及县城用地约占11.6%，其他为独立工矿、盐田和特殊用地。

未利用地总面积6 338.6万亩，占河北省总土地面积的22.4%。其中，荒草地和滩涂面积最大，分别占未利用地的56.9%和8.8%，其中又以张家口、承德荒草地面积最大。唐山滩涂面积最大，沧州盐碱地面积最大。

二、土地沙化状况

（一）沙化地面积的构成

河北省现有沙化地面积 25 400 578.8 亩，占全省耕地总面积的 24.70%，占全省土地总面积的 8.97%。其中，沙化耕地 14 031 771.4 亩，占沙化地面积的 55.24%，占全省耕地总面积的 13.64%，占全省土地总面积的 4.95%；沙化土地 11 368 807.4 亩，占沙化地面积的 44.76%，占全省土地总面积的 4.01%，如表 2-1 和图 2-1 所示。

表 2-1　河北省沙化地类型统计表

	沙化地	沙化耕地	沙化土地
面积/亩	25 400 578.8	14 031 771.4	11 368 807.4
比重/%	100.00	55.24	44.76
占全省耕地总面积/%	24.70	13.64	11.05
占全省土地总面积/%	8.97	4.95	4.01

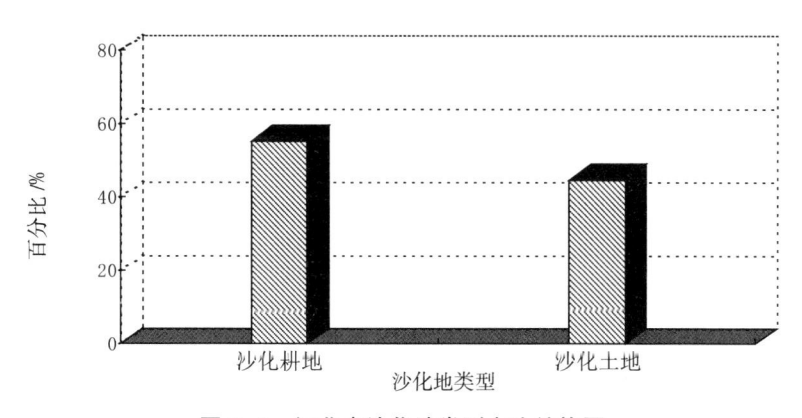

图 2-1　河北省沙化地类型占比结构图

（二）沙化地权属状况

河北省沙化地权属性质包括国有沙化地和集体所有沙化地。根据不同权属性质汇总结果，全省 25 400 578.8 亩沙化地中，集体所有沙化地 23 313 742.7 亩，占全省沙化地面积的 91.78%，占全省土地总面积的 8.23%，国有沙化地

2 086 836.1亩，占全省沙化地面积的8.22%，占全省土地总面积的0.74%。其中，集体所有沙化地中，沙化耕地13 734 786.8亩，沙化土地9 578 955.9亩；国有沙化地中，沙化耕地296 984.6亩，沙化土地1 789 851.5亩，如表2-2所示。

表2-2 河北省分权属沙化地类型统计表

	沙化地	集体沙化地	国有沙化地
面积/亩	25 400 578.8	23 313 742.7	2 086 836.1
比重/%	100.00	91.78	8.22
占全省土地总面积/%	8.97	8.23	0.74

数据来源：2019年河北省土地变更调查统计台账

河北省沙化耕地中，国有沙化耕地296 984.6亩，占全省沙化耕地的2.12%，占全省耕地的0.29%；集体所有沙化耕地13 734 786.8亩，占全省沙化耕地的97.88%，占全省耕地的13.36%，如表2-3所示。

表2-3 河北省分权属沙化耕地类型统计表

	集体沙化耕地	国有沙化耕地	合 计
面积/亩	13 734 786.8	296 984.6	14 031 771.4
比重/%	97.88	2.12	100.00
占全省沙化耕地/%	54.07	1.17	55.24
占全省耕地/%	13.36	0.29	13.64

数据来源：2019年河北省土地变更调查统计台账

河北省沙化土地中，国有沙化土地1 789 851.5亩，占全省沙化土地的15.74%；集体所有沙化土地9 578 955.9亩，占全省沙化土地的84.26%，如表2-4所示。

表2-4　河北省分权属沙化土地类型数量表

	集体沙化土地	国有沙化土地	合　计
面积/亩	9 578 955.9	1 789 851.5	11 368 807.4
比重/%	84.26	15.74	100.00
占全省沙化土地/%	37.71	7.05	44.76
占全省土地/%	3.38	0.63	4.01

数据来源：2019年河北省土地变更调查统计台账

（三）沙化地的地域分布规律

1.流域分布

沙化地按地域分布可以分为以下几个区域。

（1）滦河流域上游坝上高原风蚀沙化地分布区。全滦河流域由坝上高原到渤海湾入海口，共有沙化地面积18 970 570.6亩，占河北省沙化地面积的74.68%。滦河上游地区包括张北、沽源、康保、尚义、丰宁、围场六个县，沙化地面积15 733 473.1亩，占总土地面积的33.18%，占全省沙化地面积的61.92%。以围场县的沙化地面积最多，为3 628 508.5亩，占全县土地总面积的26.69%；康保县有沙化地3 322 465亩，占全县土地总面积的65.82%。本区可分为两部分，一部分为坝上西部高原区，包括张北、康保、沽源、尚义四县，本区北部为平缓丘陵，中南部为坡状起伏的高原，坡梁与丘陵地相互排列，有沙化地9 296 744.6亩，占坝上西部高原区土地总面积的44.86%。另一部分坝上东部高原区，包括丰宁、围场两县，有沙化地面积6 436 728.3亩，占总土地面积的24.11%。另一方部分为坝上地区，海拔1 350～1 600 m，≥10℃年积温1 600～2 200℃，年降水量340～450 mm，大部分属温带，半干旱草原地带，仅坝上部分属森林草原、草甸草原地带，总的自然特点是地势偏高，温度偏低，夏季日温差大，降水量偏少，春季干旱，光能充足，风沙多，自然条件适宜耐寒、耐旱多年生牧草生长，仅能满足一些短季耐寒耐旱农作物生长，经二百余年农垦现已演变为农牧交错地区，是河北省重要畜牧业基地，又是保护京津生态环境的重要地区。

由于人口剧增，迫于粮食、饲料、燃料的压力，人们盲目毁草种粮、乱砍滥伐，草原面积锐减。1949年有草原面积约150万 hm²，占总面积的80%以上，耕地 $4.0 \times 10^5 \, hm^2$；到 90 年代，草原面积降到 $4.2 \times 10^5 \, hm^2$，仅是 1949 年的 28%，占总面积的 23%，而耕地面积增至约 $8.0 \times 10^5 \, hm^2$，到 2002 年草原面积达到 $6.708 \times 10^5 \, hm^2$。与此同时，草原载畜量大量增加，长期严重超载放牧导致草原退化，昔日的草原生态系统被严重摧毁。生态环境严重恶化突出的表现是土地风蚀沙化急剧发展，农业可利用土地面积锐减，坝西四县风蚀沙化土地面积达 9 296 744.8 亩。坝上高原处于内蒙古沙漠边缘，具有非常典型的沙漠边缘地貌特征，农牧交错。沙地主要沿六大风口九条风沙通道分布于沟谷地带并形成五大沙滩。沙地地貌形态有沙丘、沙垄和沙岗。由于处于沙漠前缘，沙地具有很强的流动性。据调查，在坝缘主要风口之一的丰宁县小坝子乡沙地年流动速度近 40 m；1988—1999 年 11 月，遥感监测坝上地区流动沙地增加了 1 924.82 hm^2，增幅为 58.87%，半固定沙地增加了 7 806.02 hm^2，增幅近 49.6%。在气候持续干旱的沙漠边缘地区沙地的强烈流动，意味着沙漠迅速发展，它将对人类的生存环境造成极大的危害，内蒙古沙漠前端距首都北京的直线距离不足 200 km，频繁发生的沙尘暴已给北京的生态环境造成了很大影响。

（2）滦河流域中游中低山丘陵沙化地分布区。该区包括滦平、平泉、承德县、承德市。区内地形起伏较大，群山绵延，峰巅林立，大部分地区海拔在 500 m 以上，最高可达 1 800 m，局部最低只有 200 m，平均气温 7.5 ℃，无霜期 150～160 d，年降雨量 500～600 mm，水热条件随海拔高度有规律地变化，土壤母质有花岗岩、片麻岩、正长岩、凝灰岩、沙砾岩、页岩、玄武岩等残坡积风化物和黄土状物质，土壤类型有褐土、棕壤和潮土。该区主要问题是水土流失严重，沙化土地面积为 779 345.8 亩，占总土地面积的 4.64%，大部分坡耕地无灌溉条件，耕地土壤大部分缺磷、少氮、贫锌，故应封山育林、种草、防止水土流失以改良土壤。

（3）滦河流域中下游低山丘陵沙化地分布区。该区包括兴隆、宽城、青龙、迁西、卢龙等县，区内地貌类型复杂多样，沟壑纵横，年降水量 500～800 mm，无霜期 150～175 d，土壤母质有花岗岩、片麻岩、石英岩及灰岩残坡积风化物，沟谷盆地多为第四纪堆积物所覆盖，土壤类型主要是棕壤、淋溶褐土、褐土性土和潮土，地表植被覆盖率低，水土流失严重。褐土地带干旱缺水，农耕地土壤质地粗、多砾石。

该区有沙化地面积 851 719.2 亩，占总土地面积的 5.18%，沙化地面积最多的是宽城县，面积为 535 108.9 亩，占总土地面积的 3.25%。

该区土地在北部山区应以果、桑、林为主；淋溶褐土区应以水源涵养林、用材林为主，实行次生林抚育、采育结合；低山丘陵区进行封山育林、种草控制水土流失，在土壤水分条件较好的缓坡地带发展林果，河谷阶地实行果粮间作。

（4）滦河流域下游山前平原沙化地分布区。该区范围包括滦县、滦南、乐亭、迁安、昌黎、抚宁等县。区内气候适中，年均气温11.4℃，无霜期177～192 d，年降雨量690 mm，山前平原上部地形呈坡状起伏，有风蚀沙丘，河流两岸多阶地，冲积扇前缘地形平坦，坡度小于0.8‰。成土母质为岩石风化物，地表排水通畅，地下水源较丰富，主要土壤类型有淋溶褐土、潮褐土、潮土、沼泽土、水稻土和风沙土。主要种植的农作物有玉米、花生、谷子和豆类，是冀东粮油的集中产区。该区是滦河流域沙化土地较多的地区，全区有沙化地面积1 053 559.6亩，占总土地面积的8.37%，以迁安市的沙化地面积最大，为360 613.4亩，占总土地面积2.86%。该区今后应加强农田水利基本建设，搞好农田林网，增加农田物质投入，改土培肥，改善农田生产环境，提高土地利用率和产出率。

（5）永定河流域下游沙化土地分布区。该区包括安次区、永清、固安、霸州等县。有沙化地面积862 003.4亩，占总土地面积的17.83%，占全省沙化地面积的3.39%，以永清县沙化地面积最大，为355 247.2亩，占总土地面积的7.35%。该区的生态环境条件如下：该区沙地属于河流冲击而成，在地貌形态上以平坦的沙地为主，沙丘为风力吹扬而成，故沿河道带两侧展布，与沙漠边缘沙地相比，沙地流动性相对较低。据1987—2000年永清县沙化地变化遥感监测，该县沙化地平均增长率为5.15%。该区气候条件适宜，光照资源充足，年平均气温为11.5℃左右，年平均降雨量为514.1～564.9 mm，无霜期为129～182.2 d。土壤类型主要有潮褐土、潮土、风沙土、新积土等，农作物类型主要有小麦、玉米、花生、谷子、豆类等，一年两熟或两年三熟制。

（6）大清河、子牙河水系的冀西沙化地分布区。该区主要包括保定和石家庄两市的曲阳、定州、安国、博野、蠡县、清苑、行唐、灵寿、新乐、无极、正定、藁城和深泽等13个县（市）。共有沙化地面积1 128 200.7亩，占该区域总土地面积的7.89%，占全省沙化地面积的4.44%。沙化地面积最大的是定州市，有沙化地72 558.5亩，占总土地面积的0.51%。该区域为太行山山前平原，年平均气温12.8℃左右，年平均降雨量490.9 mm左右，无霜期

188.9～194.6 d，光照充足，一年两熟或两年三熟制。土壤类型主要有石灰性褐土、潮褐土、潮土、风沙土、新积土等，土壤质地主要为轻壤质，土壤肥沃，是河北省主要产粮区，主要农作物有小麦、玉米、谷子、甘薯、大豆、花生等。

（7）漳卫河和子牙河水系沙化地分布区。该区范围包括邯郸和邢台的大名、临漳、成安、磁县、永年、魏县、馆陶、邱县、沙河、南和、隆尧、内丘、广宗、平乡、威县、巨鹿、新河、清河等县（市），共有沙化地面积587 516.4亩，占总土地面积的3.19%，占全省沙化地面积的2.31%，沙化地面积最大的大名县，沙化地面积为358 486.3亩，占总土地面积的1.9%。

该区地处太行山南端黑龙港低平原区，地势平坦，沙化地主要是河流冲积堆积而成。平均气温12.8～13.2℃，不低于0℃积温为4 806.8～4 988.7℃，年平均降雨量为485.8～527.5 mm，无霜期为192.6～207.3 d。土壤类型有石灰性褐土、潮褐土、潮土、盐化潮土、盐渍土、风沙土等。光热资源充足，能满足农作物一年两熟或两年三熟的需求。主要农作物有小麦、玉米、谷子、甘薯、花生、大豆等。今后土地利用方向是搞好土地整理，加强农田基本建设，合理节约用水，营造农田防护林，改善农田生态环境，提高土壤肥力，发挥土地生产潜力。

2.行政辖区分布

（1）市域分布。河北省11个市均有沙化地分布（表2-5），但主要分布在张家口、承德两市。其中，张家口市面积最大，为11 268 202.5亩，占44.36%；其次是承德市，面积为8 327 051.3亩，占32.78%；两市沙化地总面积占全省沙化地总面积的近78%。其次是衡水市、唐山市和保定市，面积分别为1 232 134.2亩、1 199 263.5亩和1 019 139.8亩，分别占全省沙化地的4.85%、4.72%和4.01%。五个市沙化地总面积占全省沙化地总面积的90%以上。

表2-5 河北省沙化地类型面积汇总表

行政单位	沙化耕地			沙化土地		合计	
	面积/亩	占全省比例/%	占当地耕地比例/%	面积/亩	占全省比例/%	面积/亩	占全省比例/%
石家庄市	434 260.2	3.09	4.78	14 586.6	0.13	448 846.8	1.77

续 表

行政单位	沙化耕地 面积/亩	占全省比例/%	占当地耕地比例/%	沙化土地 面积/亩	占全省比例/%	合计 面积/亩	占全省比例/%
唐山市	1 093 827.0	7.80	12.52	105 436.5	0.93	1 199 263.5	4.72
秦皇岛市	165 899.5	1.18	5.61	2 822.4	0.02	168 721.9	0.66
邯郸市	449 842.7	3.21	4.44	27 588.0	0.24	477 430.7	1.88
邢台市	317 552.0	2.26	3.24	33 679.4	0.30	351 231.4	1.38
保定市	1 003 629.0	7.15	8.08	15 510.8	0.14	1 019 139.8	4.01
张家口市	6 844 179.9	48.78	41.18	4 424 022.6	38.91	11 268 202.5	44.36
承德市	1 713 144.7	12.21	28.36	6 613 906.6	58.18	8 327 051.3	32.78
沧州市	34 780.0	0.25	0.28	11 773.3	0.10	46 553.3	0.18
廊坊市	770 734.2	5.49	13.22	91 269.2	0.80	862 003.4	3.39
衡水市	1 203 922.2	8.58	13.70	28 212.0	0.25	1 232 134.2	4.85

数据来源：2019年河北省土地变更调查统计台账

河北省沙化耕地，主要分布在张家口和承德市。其中，张家口市沙化耕地面积最多，达6 844 179.9亩，占全省沙化耕地面积的48.78%，占本辖区耕地面积的41.18%。承德市1 713 144.7亩，占全省沙化耕地面积的12.21%，占本辖区耕地面积的28.36%。廊坊市沙化耕地面积770 734.2亩，占全省沙化耕地面积的5.49%。唐山市和保定市沙化耕地面积为1 093 827.0亩和1 003 629.0亩，分别占全省沙化耕地的7.80%和7.15%。沙化耕地最少的是沧州市，面积为34 780.0亩，占全省沙化耕地的0.25%。

河北省沙化土地也主要集中分布在承德和张家口市，其中承德市6 613 906.6亩，占58.18%；张家口市4 424 022.6亩，占全省沙化土地的38.91%。

详细描述如表2-6所示。

表2-6 河北省按权属性质划分的沙化地面积汇总表

单位：亩

行政单位	集体土地 小 计	集体土地 沙化耕地	集体土地 沙化土地	国有土地 小 计	国有土地 沙化耕地	国有土地 沙化土地	合 计
河北省	23 313 742.7	13 734 786.8	9 578 955.9	2 086 836.1	296 984.6	1 789 851.5	25 400 578.8
石家庄市	447 095.1	432 508.5	14 586.6	1 751.7	1 751.7	0.0	448 846.8
唐山市	1 132 693.8	1 092 708.8	39 985.0	66 569.7	1 118.2	65 451.5	1 199 263.5
秦皇岛市	168 721.9	165 899.5	2 822.4	0.0	0.0	0.0	168 721.9
邯郸市	471 521.1	449 842.7	21 678.4	5 909.6	0.0	5 909.6	477 430.7
邢台市	348 289.1	317 552.0	30 737.1	2 942.3	0.0	2 942.3	351 231.4
保定市	1 000 800.9	985 352.0	15 448.9	18 338.9	18 277.0	61.9	1 019 139.8
张家口市	10 753 308.7	6 644 568.5	4 108 740.2	514 893.8	199 611.4	315 282.4	11 268 202.5
承德市	6 869 245.1	1 641 330.4	5 227 914.7	1 457 806.2	71 814.3	1 385 991.9	8 327 051.3
沧州市	46 553.3	34 780.0	11 773.3	0.0	0.0	0.0	46 553.3
廊坊市	847 144.4	769 928.6	77 215.8	14 859.0	805.6	14 053.4	862 003.4
衡水市	1 228 369.3	1 200 315.8	28 053.5	3 764.9	3 606.4	158.5	1 232 134.2

（2）县域分布。河北省沙化地共涉及93个县(市)、区（表2-7），面积超过100万亩的有张北、康保、沽源、尚义、丰宁和围场6县。面积在10万亩以上的有新乐、滦州、迁安、滦南、迁西、昌黎、大名、南宫、定州、清苑、高碑店、张北、康保、沽源、尚义、赤城、阳原、万全、怀来、涿鹿、隆化、丰宁、宽城、围场、承德、滦平、永清、固安、冀州、饶阳、景县，共31县(市)、区。其中，围场面积最大，为3 628 508.5亩，占全省沙化地面积的14.29%。其次是康保县，面积为3 322 465.0亩，占全省沙化地面积的13.08%；丰宁县2 808 219.8亩，占全省沙化地面积的11.06%；张北县2 738 685.8亩，

占全省沙化地面积的 10.78%；尚义县 1 942 612.1 亩，占全省沙化地面积的 7.65%；沽源县 1 292 982.1 亩，占全省沙化地面积的 5.09%。

表 2-7 河北省沙化地县域分布规模表

单位：万亩

	>50	30~50	15~30	5~15	1~5	0.5~1	<0.5
石家庄市				正定县、藁城区、晋州市、新乐市	深泽县、无极县	高邑县、赞皇县	
唐山市		滦州市、迁安市	滦南县	乐亭县、迁西县	丰润区		
秦皇岛市			昌黎县				卢龙县
邯郸市		大名县			临漳县、成安县、魏县	广平县、馆陶、曲周县	
邢台市			南宫市		内丘县、新河县、广宗县、平乡县	沙河市	柏乡县、任县
保定市		定州	清苑区	蠡县、高碑店市	安国市、易县、唐县、容城县、博野县	满城县、望都县	涿州市、定兴县、顺平县、雄县
张家口市	张北县、康保县、沽源县、尚义县、赤城县	阳原县、万全区	怀来县、涿鹿县	宣化区	崇礼区		怀安县
承德市	隆化县、丰宁县、宽城县、围场县、	承德县	滦平县	平泉市	兴隆县		

续　表

	> 50	30～50	15～30	5～15	1～5	0.5～1	< 0.5
沧州					河间市	东光县、献县	南皮县、吴桥县
廊坊			永清县	固安县	霸州市		
衡水			冀州区	饶阳县、景县	深州市、安平县	武邑县、故城县、阜城县	

河北省沙化耕地涉及88个县（市）（表2-8），其中面积在10万亩以上的有新乐、滦南、迁安、迁西、青龙、大名、南宫、定州、清苑、高碑店、张北、康保、沽源、尚义、万全、阳原、怀来、涿鹿、赤城、丰宁、围场、隆化、冀州、饶阳、景县、固安、枣强、永清28个县（市）。其中，张北县沙化耕地面积最大，为2 388 963.6亩，占全省沙化耕地的17.03%；其次是康保县，面积为1 976 537.3亩，占全省沙化耕地的14.09%。

河北省沙化土地涉及69个县（市）、区，面积超过10万亩的有丰宁、围场、康保、尚义、沽源、宽城、赤城、承德、隆化、张北、滦平、阳原、万全、涿鹿14个县。其中，围场县面积最大，为2 839 300.9亩，占全省沙化土地的24.97%；其次是丰宁县，面积为2 273 564.5亩，占20%。

表2-8　河北省沙化耕地县域分布规模表

单位：万亩

	> 50	30～50	20～30	5～20	2.5～5	1～2.5	0.5～1	< 0.5
石家庄市				新乐市、正定县、藁城区、晋州市	深泽县、无极县		赞皇县	高邑县
唐山市			滦县	滦南县、迁安市	迁西县	乐亭县	丰润区	
秦皇岛市				青龙县				昌黎县

续表

	>50	30~50	20~30	5~20	2.5~5	1~2.5	0.5~1	<0.5
邯郸市		大名县			魏县	临漳县、成安县	广平县、馆陶县	
邢台市			南宫市		新河县、广宗县、平乡县		内丘县	柏乡县、沙河市
保定市		定州市		高碑店市、蠡县、清苑区	安国市、易县、唐县	容城县、博野县	满城县、望都县	顺平县、雄县
张家口市	张北县、康保县、沽源县、尚义县	万全区		怀来县、涿鹿县、赤城县、阳原县		宣化区		崇礼区
承德市	丰宁县、围场县		隆化县	承德县	平泉市、宽城县			滦平县
沧州					故城、阜城	河间	东光	南皮、吴桥、献县
衡水		冀州	饶阳、景县	固安、霸州、枣强、深州市、安平		武邑		
廊坊		永清						

（四）沙化区域相关社会经济状况

1. 相关人口状况

河北省沙化耕地相关人口9 123 903人，其中，承德市为1 672 444人，占18.33%；其次是张家口市，为1 262 261人，占13.83%；唐山市1 108 876人，占12.15%；廊坊市628 479人，占7.21%；邯郸市576 901人，占6.32%；邢台市464 042人，占5.09%；石家庄市907 062人，占9.94%；保定市1 439 084人，占2.04%；秦皇岛市为140 592人，占1.54%。在93个县（市）、

区中，超过30万人的有张北、承德、围场等县，总人口为2 036 638人，占22.32%。其中围场县最多，为433 541人，占4.75%；承德县369 092人，占4.05%；张北县323 264人，占3.54%。超过20万小于30万的有藁城、大名、南宫、康保、隆化、永清等县，总人口为4 114 918人，占45.10%。10到20万人的有新乐、滦县、滦南、迁西、魏县、沽源、尚义、怀来、滦平、丰宁、宽城、固安、霸州等县(市)，总人口为7 115 902人，占78.03%。

2.相关耕地和基本农田状况

河北省沙化耕地相关耕地面积24 170 318.8亩，人均2.65亩，基本农田20 027 343.3亩，人均2.19亩。其中，张家口市相关耕地面积9 360 442.1亩，人均7.42亩；基本农田7 453 001.8亩，人均5.9亩；沙化耕地占耕地的比例为60.74%。承德市耕地面积3 985 837.1亩，人均2.38亩；基本农田3 206 758.1亩，人均1.92亩，沙化耕地占耕地的比例为20.57%。邢台市耕地面积为979 495.2亩，人均2.11亩，基本农田869 160.0亩，人均1.87亩；沙化耕地占耕地的比例为32.4%。在93个县(市、区)中，张北县相关耕地面积最大，为3 216 128.8亩，人均9.95亩；基本农田2 487 037.2亩，人均7.69亩，沙化耕地占耕地的比例为73.1%。其次是康保县，耕地面积为2 424 556.2亩，人均9.32亩；基本农田1 959 314.6亩，人均7.53亩；沙化耕地占耕地的比例为80.2%。丰宁县耕地面积928 261.1亩，人均5.52亩，基本农田749 794.0亩，人均4.46亩；沙化耕地占耕地的比例为40.5%。沽源耕地面积1 380 938.3亩，人均8.44亩；基本农田1 097 207.0亩，人均6.71亩；沙化耕地占耕地的比例为48.9%。围场耕地面积为1 305 367.1亩，人均3.01亩，基本农田1 011 433.9亩，人均2.33亩；沙化耕地占耕地的比例为58.2%。尚义县耕地面积1 224 087.7亩，人均8.09亩；基本农田1 019 801.2亩，人均6.74亩；沙化耕地占耕地的比例为76.4%。赞皇、卢龙、涿州、易县、张家口市下花园区、怀安县、承德市鹰手营子矿区、兴隆8县(市、区)沙化耕地和基本农田面积较小，均不足万亩。藁城、新乐、迁西、清苑、承德市鹰手营子矿区、兴隆6县(市)区人均耕地和基本农田均在1亩以下。乐亭、卢龙、肥乡、柏乡、沙河、崇礼、滦平7县(市)沙化耕地与耕地之比低于10%，高邑、丰润、滦县、临漳、成安、广宗、承德市双滦区、承德、平泉9县(区)沙化耕地与耕地之比为10%～20%，新乐、滦南、迁西、大名、平乡、张北、康保、尚义、阳原、围场、廊坊市广阳区、固安、永清13县(市)区沙化耕地与耕地面积比较高，均在 50% 以上。

3.相关粮食生产状况

河北省沙化耕地粮食单产 155 斤（1 斤 =0.5 kg），总产 9 587 988 365 斤，人均 1 046 斤。其中，石家庄市单产 299 斤，总产 798 013 105 斤，人均 880 斤；唐山市单产 442 斤，总产 1 175 843 640 斤，人均 1 060 斤；秦皇岛市单产 100 斤，总产 191 271 800 斤，人均 1 360 斤；邯郸市单产 586 斤，总产 693 027 216 斤，人均 1 201 斤；邢台市单产 432 斤，总产 512 620 206 斤，人均 1 105 斤；张家口市单产 67 斤，总产 590 887 251 斤，人均 468 斤；承德市单产 224 斤，总产 2 089 063 556 斤，人均 1 248 斤；廊坊市单产 333 斤，总产 647 258 381 斤，人均 1 030 斤。单产不足 100 斤的有张北、康保、沽源、尚义、万全、崇礼 6 县。其中，沽源县最低，平均不足 20 斤。年人均粮食占有量在 1 000 斤以上的有高邑、唐山市古冶区、滦南、乐亭、卢龙、临漳、成安、大名、馆陶、魏县、曲周、柏乡、任县、新河、沙河、涿州、张家口下花园区、宣化、阳原、承德市双滦区、平泉、隆化、丰宁、廊坊市广阳区、固安 25 个县(市)区；800 ～ 1 000 斤的有丰润、肥乡、内丘、广宗、南宫、滦平、围场、廊坊市安次区 8 个县(市)区；600 ～ 800 斤的有赞皇、迁安、平乡、张北、承德市鹰手营子矿区 5 县(区)；400 ～ 600 斤的有藁城、新乐、迁西、广平、安国、易县、高阳、曲阳、康保、尚义、赤城、承德、宽城、永清、霸州 15 个县(市)；400 斤以下的有沽源、万全、怀来、崇礼、兴隆 5 个县，其中沽源县只有 183 斤。

沙化耕地相关人口、经济状况调查统计表如表 2-9 所示。

表 2-9 沙化耕地相关人口、经济状况调查统计表

行政单位	耕 地/亩	基本农田/亩	沙化耕地/亩	粮食产量/斤	农业人口/人	人均占有粮食/斤
河北省	24 170 318.8	20 027 343.3	14 031 771.4	9 543 598 965	9 123 903	1 046
石家庄市	1 049 332.6	895 328.2	434 260.2	756 026 574	907 062	880
唐山市	2 001 424.4	1 735 199.5	1 093 827	1 175 843 640	1 108 876	1 060
秦皇岛市	342 842.2	285 391.3	165 899.5	191 271 800	140 592	1 360
邯郸市	969 507.8	847 126.1	449 842.7	693 027 216	576 901	1 201

续 表

行政单位	耕 地/亩	基本农田/亩	沙化耕地/亩	粮食产量/斤	农业人口/人	人均占有粮食/斤
邢台市	979 495.2	869 160	317 552	512 620 206	464 042	1 105
保定市	2 045 068.7	1 852 366.8	1 003 629	1 261 408 952	1 439 084	877
张家口市	9 360 442.1	7 453 001.8	6 844 179.9	590 887 251	1 262 261	468
承德市	3 985 837.1	3 206 758.1	1 713 144.7	2 089 063 556	1 672 444	1 248
沧州市	222 391.5	182 732.8	34 780.0	143 878 100	104 546	1 376
廊坊市	1 143 389.1	918 584.2	770 734.2	647 258 381	628 479	1 030
衡水市	2 070 588.1	1 781 694.5	1 203 922.2	1 484 716 158	819 616	1 811

三、土地生态环境存在的问题及原因

(一) 水土流失

根据土壤侵蚀调查结果,河北省现有水土流失面积为 62 975 km²,占全省土地总面积的 32.3%,占全省山丘区总面积的 55.45%,水土流失平均侵蚀模数为 2 023 t/(km²·a)。每年土壤侵蚀总量达 2.37×10^8 t,水土流失严重。全省土壤侵蚀强度的空间分布特点如下:侵蚀最严重的区域为坝上高原及坝缘山地、冀西北间山、太行山山地和遵化、迁安、迁西、青龙等燕山浅山区,其次为燕山深山区、冀西北盆地、太行山丘陵区和浅山丘陵区。在 11 个市域中,张家口、承德土壤侵蚀最严重,50% 以上的土地遭受不同程度的侵蚀,情况已经相当严重;说明土地利用严重不合理,已经对区域土地生态系统平衡产生了严重威胁。其次是秦皇岛、保定、石家庄、邯郸、邢台、唐山,受侵蚀的土地也占到总面积的近 20% 或以上。

水土流失破坏了宝贵的水土资源,不仅造成大量作物所需要的水、土和肥料的流失,还导致河道淤积、交通阻塞、水库淤塞,加剧了水土流失相关地区的水旱等自然灾害,降低了人口环境容量,极大地影响了农、林、牧业的发展和土地利用效益。水土流失与贫穷互为因果,恶劣的生态环境是贫穷的根源。河北省现有 39 个国家级贫困县,其中有 27 个分布在水土流失严重的地区,这些地区的贫困人口占全省贫困人口的 80%。水土流失已成为制约河北省山区可持续发展的主要因素。

（二）土地沙化

沙化土地原生土壤多为半固定风沙土和固定风沙土，由于受西伯利亚干冷气团影响，十年九旱。特别是春季常常大风弥漫，沙质土壤经风吹易于干燥，极易产生流动，造成黄沙飞天，尘土四起，沙尘暴在此季节时有发生。上风向由于风化剥蚀致使耕层土壤变薄，土壤细小颗粒被大风刮走，粗颗粒存于耕地表层，导致耕地沙化。

气候干旱少雨多风、草场破坏退化严重、土壤沙性等是形成土地沙化的主要原因。但人为的不重视环境保护、过度开垦和过度放牧直接导致了草场破坏，特别是生态建设与保护多年来没有列到促进发展的议程上，使短期的经济利益诱使人们重经济、轻保护，加重了土地沙化的发展趋势。

河北省沙化地主要分布在坝上高原地带，处于内蒙古浑善达克和科尔沁两大沙地沙漠的边缘，具有非常典型的沙漠边缘地貌特征，农牧交错，沙地主要沿六大风口、九条风沙通道分布于沟谷地带，并形成五大沙滩。沙地地貌形态有沙丘、沙垄、沙岗等。由于处于沙漠前缘，沙地具有很强的流动性。

河北省特别是坝上地区生态区位十分重要，防沙治沙的任务仍很艰巨。河北是风沙进入北京的必经之地，是京津三盆水的源头。可以说，河北省的防沙治沙工作，不仅是河北本省可持续发展的需要，更是保卫首都生态安全、维护首都国际形象的需要。河北省的防沙治沙工作不仅是一项艰巨的生态建设任务，更是一项严肃的政治任务。

第三章 河北省土地生态安全评价指标体系构建

一、评价指标体系构建及权重确定

(一) 评价指标体系构建

从土地生态驱动力、压力、状态、影响和响应等五个方面选取指标建立土地生态安全 DPSIR 传导与影响框架。如图 3-1 所示，五个模块形成完整的系统模型，通过影响和传导路径相互联系。同时，通过测度路径（产生、传递、压力、消除、缓解、改善、满足、影响）关联关系和均衡状态，建立土地生态安全风险评价指标体系。指标体系是以调研结果作为评估依据，由五类影响因素组成的多层次且相互联系密切的评价指标体系，每个因素下又包含若干指标和因子。

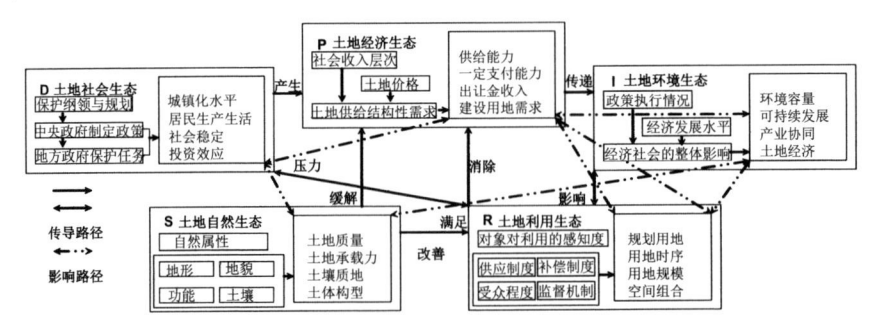

D—土地社会生态；P—土地经济生态；S—土地自然生态；I—土地环境生态；R—土地利用生态。

图 3-1 土地生态安全 DPSIR 传导与影响框架

（二）权重确定

分析土地生态安全 DPSIR 传导体系，按各县（市、区）单元范围内土地社会生态、土地经济生态、土地自然生态、土地环境生态及土地利用生态五个评价因素共计 23 个二级指标进行分析，运用 CRITIC- 熵权法确定各项指标权重。

CRITIC 法权重计算公式：

$$w_j^1 = \frac{\sigma_i \sum_{i=1}^{m}(1-s_{ij})}{\sum_{j=1}^{n}\sigma_j \sum_{i=1}^{m}(1-s_{ij})}$$

式中：w_j^1 为指标 j 的权重值，σ_j 为指标 j 的标准差，s_{ij} 为 i 与 j 的相关系数。

熵值计算公式：

$$e_j = -\frac{1}{\ln m}\sum_{i}^{m}(Q_{ij} \times \ln Q_{ij})$$

式中：e_j 为指标 j 的熵值；Q_{ij} 为第 j 个指标下第 i 个被评价对象所占比重，$Q_{ij} = x_{ij} / \sum_{i=1}^{m} x_{ij}$。

CRITIC 法缺少对指标离散关系的反映，将其和熵权法相结合，能综合分析出各指标的对比程度、离散程度和相关程度，结合两种评价方法的优点，得出相对精确度更高的权重值，作出客观的赋权。

CRITIC 法和熵权法结合后权重计算公式为

$$w_j = \frac{(\sigma_j + e_j)\sum_{i=1}^{n}(1-s_{ij})}{\sum_{i=1}^{m}(\sigma_j + e_j)\sum_{i=1}^{n}(1-s_{ij})}$$

式中：w_j 为指标 j 的权重值。

河北省土地生态安全模糊聚类评价指标体系即权重表如表 3-1 所示。

表 3-1　河北省土地生态安全模糊聚类评价指标体系及权重表

评价目标	评价因素	评价指标	单位	权重 2010	权重 2012	权重 2014	权重 2016	权重 2018	综合效应(+、-)
河北省土地生态安全模糊聚类评价 A	土地社会生态 A_1	城镇化率 A_{11}	%	0.024	0.026	0.030	0.035	0.037	+
		人均地区生产总值 A_{12}	元/人	0.062	0.066	0.068	0.070	0.072	+
		失业率 A_{13}	%	0.021	0.015	0.013	0.012	0.012	−
		GDP增长率（比上年）A_{14}	%	0.022	0.028	0.028	0.031	0.030	+
	土地经济生态 A_2	地均产值 A_{21}	元/hm²	0.054	0.058	0.056	0.059	0.061	+
		农业产值/非农业产值 A_{22}	%	0.037	0.039	0.038	0.036	0.036	+
		城镇居民恩格尔系数 A_{23}	%	0.036	0.038	0.035	0.040	0.042	+
		人口密度 A_{24}	人/km²	0.021	0.020	0.022	0.023	0.020	+
		农药、化肥负荷 A_{25}	kg/hm²	0.011	0.014	0.013	0.011	0.010	−
	土地自然生态 A_3	耕地面积比重 A_{31}	%	0.043	0.046	0.049	0.050	0.052	+
		土地垦殖系数 A_{32}	%	0.031	0.033	0.037	0.039	0.042	+
		森林覆盖率 A_{33}	%	0.052	0.058	0.056	0.048	0.042	+
		耕地复种指数 A_{34}	%	0.054	0.059	0.055	0.052	0.050	+
		灌溉保证率 A_{35}	%	0.039	0.041	0.042	0.039	0.037	+
	土地环境生态 A_4	生态环境容量 A_{41}	×10⁻⁶	0.082	0.083	0.088	0.087	0.089	+
		单位面积粮食产量 A_{42}	kg/hm²	0.043	0.045	0.046	0.048	0.050	+
		农村人均纯收入 A_{43}	元	0.025	0.022	0.020	0.022	0.018	+
		一、二产业产值比例 A_{44}	%	0.034	0.032	0.030	0.035	0.037	+
		土地经济密度 A_{45}	元/hm²	0.061	0.060	0.058	0.058	0.062	+
	土地利用生态 A_5	土地集约利用率 A_{51}	%	0.078	0.072	0.076	0.073	0.073	+
		土地开发强度 A_{52}	%	0.065	0.051	0.054	0.049	0.045	−
		当年造林面积 A_{53}	hm²	0.058	0.054	0.049	0.047	0.054	+
		工业固废综合利用率 A_{54}	%	0.042	0.040	0.037	0.036	0.029	+

注："+"表示正向安全趋势指标；"−"表示负向安全趋势指标。

二、构建模糊聚类矩阵

（一）特征指标矩阵构建

选择合适的统计量 x_{ij}，将被分类对象集合为 $X=\{x_1, x_2, \cdots\cdots, x_n\}$，因为每个样本 x_i 均含有 m 个特征指标，因此其特征指标矩阵为

$$X = \begin{Bmatrix} x_{11} & x_{12} & \cdots & x_{1m} \\ x_{21} & x_{22} & \cdots & x_{2m} \\ \vdots & \vdots & \vdots & \vdots \\ x_{n1} & x_{n2} & \cdots & x_{nm} \end{Bmatrix}$$

（二）相似矩阵构建

利用绝对值倒数法构造出 n 行 n 列的相似矩阵 R，公式如下：

$$r_{ij} = \begin{cases} 1 & i = j \\ \dfrac{c}{\sum_{k=1}^{m}|S_{ik} - S_{jk}|} & i \neq j \end{cases}$$

其中 r_{ij}（$i=1,\cdots,n$；$j=1,\cdots,n$）为相似矩阵 R 的第 i 行第 j 列元素，c 为一特定的正数，用以保证 $0 \leq r_{ij} \leq 1$。

（三）模糊矩阵构建

由所有的相似系数 r_{ij} 得出达到单元之间的模糊相似矩阵为

$$R = \begin{Bmatrix} r_{11} & r_{12} & \cdots & r_{1m} \\ r_{21} & r_{22} & \cdots & r_{2m} \\ \vdots & \vdots & \vdots & \vdots \\ r_{m1} & r_{m2} & \cdots & r_{mm} \end{Bmatrix}$$

采用 CRITIC-熵权法确定各县（市、区）土地安全评价指标权重，同时考虑数据较多，基于各县（市、区）土地安全评价指标权重的计算，不同县（市、区）之间存在着较大的差异，本研究对权重所列数据进行标准化处理及建立模糊等价矩阵后得到矩阵 R。

第四章　河北省土地生态安全评价

一、研究区域概况与数据来源

(一) 研究区域概况

1. 地理位置

河北省因地处黄河下游以北而得名，又因部分地区古属冀州，故简称"冀"。河北省位于东经113°04'至119°53'，北纬36°01'至42°37'之间，东临渤海，西倚太行山与山西省相望，南接河南省，东南部与山东省毗邻，东北部与辽宁省为邻，北与内蒙古自治区接壤，中间环绕北京、天津。它是京津的门户，是首都北京联系全国各地的必经之地，又是东北地区与关内各省区联系的通道，也是山西、内蒙古及西北诸省（区）北方出海的通道。全省南北长750 km、东西宽650 km，海岸线长487 km，辖区土地总面积188 848.07 km²，占全国总面积的2%，海域中有海岛132个，海岛总面积8.43 km²。

2. 行政区划

河北省历史上行政区划几经变革，其管辖范围曾经多次变迁。2019年末，河北省辖11个地级市，21个县级市、47个市辖区、94个县、6个自治县（合计168个县级行政区划单位）。

3. 自然环境条件

（1）地形地貌。河北省地域辽阔，自然条件区域差异显著。河北省地形框架具有明显的带状特点，自西北向东南呈半环状逐级下降。依次为高原、山地丘陵、间山盆地、山麓平原、低平原、滨海平原。

①高原。高原分布于张家口、承德两市的北部，面积为2 730.3万亩，占全省总土地面积的9.7%，系内蒙古高原的南缘，俗称"坝上"，其内大部分地区海拔1 350～1 600 m，总的趋势是南高北低。高原的南缘为坝缘山地，地势较高，海拔在1 500 m以上，相对高度大于200 m，母质以坡积残积物为主。中部为波状高原，是坝上高原的主体，海拔1 400 m左右，地面起伏在50 m以内，基岩以花岗岩、片麻岩、石英岩为主。高原的东部地势较高，海拔1 600～1 800 m，相对高度200～300 m，在低山缓丘间有黄土分布，并有一些变质岩、花岗岩组成的残丘，还有一些固定、半固定沙丘。

②山地丘陵。山地由燕山和太行山两大山脉组成，面积为14 264.9万亩，占全省总土地面积的50.5%。

第一，太行山山地丘陵。太行山山地丘陵位于河北省西部，属山西台背斜东部边缘，由一系列北北东—南南西的平缓复式褶皱组成，与河北平原以断裂接触，界线明显，大致为西南—东北走向，山体由古老的花岗岩、片麻岩、沙岩组成。地势西北高、东南低，北部海拔1 000 m以上，最高峰小五台山海拔2 870 m。往东渐次降至500 m以下，为低山丘陵。拒马河、唐河、滹沱河、滏阳河、漳河等发源或流经这里。

第二，燕山山地丘陵。燕山山脉属燕山沉陷带，地势北高南低，海拔由北部的800～1 000 m向东逐渐降为100 m左右，最高峰雾灵山海拔2 116 m、东猴顶2 292 m，山体由花岗岩、片麻岩、石英岩、灰岩组成。

③盆地。冀西北间山盆地属燕山沉陷带，地貌受第四纪以来新的升降运动和断裂构造控制，形成大的断裂盆地，盆地内有较厚的黄土覆盖。盆地周围多被低山丘陵围绕，其内多有河流贯穿。省内大的盆地分布在洋河、桑干河流域，在太行山、燕山和冀北山地，盆地和谷地都穿插其间。其中，较大的有阳原、蔚县、怀安、宣化、涉县、武安、井陉、涞源、遵化、迁西、抚宁等盆地和平山、承德、平泉等谷地。

④平原。河北平原系华北平原的一部分，它是渤海凹陷，逐渐为黄河、海河及燕山各河系冲积物所填充而成。冲积覆盖层很厚，一般700～800 m以上。根据微地貌特征，平原可分为山麓平原、冲积平原和滨海平原。面积为11 257.8万亩，占全省总土地面积的39.8%。

第一，山麓平原。山麓平原分布于太行山东麓和燕山南麓，由各河系冲积相连而成。太行山山麓平原海拔50～100 m，燕山山麓平原海拔5～10 m，总坡降 1/10 000 ～ 1/1 000。其上部堆积的黄土状物质较厚，有侵蚀现象，多冲沟，排水良好，地下水埋藏较深。

第二，冲积平原。冲积平原系黄河、漳河、滹沱河、永定河等河流冲积而成。冲积平原面积辽阔，海拔 5 ～ 50 m，地势自西、西南向渤海湾倾斜，大部分坡降 1/10 000 ～ 1/6 000。冲积平原地面平坦开阔，略有起伏，土体构型沙黏相间，沉积层次明显。

第三，滨海平原。滨海平原位于渤海沿岸，为河流逐渐向海淤积而成。北部主要由滦河、陡河、沙河、沂河、洋河等沉积而成。南部主要是由古黄河、海河诸水系沉积而成。在地貌发育过程中，受河流、海洋动力因素影响，有河流沉积、海相沉积特征，海拔低于 5 m，地势低平，坡降 1/10 000 ～ 1/5 000。

（2）气候条件。河北省属北温带大陆性季风型气候，基本特点是春季干燥多风、夏季炎热多雨、秋季昼暖夜凉、冬季寒冷少雪。

年平均气温 –0.3 ～ 14.0 ℃，气温由东南到西北逐渐降低，长城以北年平均气温低于 10 ℃，坝上低于 4 ℃；长城以南地区为 10 ～ 14 ℃。

全省日平均气温 0 ℃的积温为 2 100 ～ 5 200 ℃。坝上及坝缘山地系省内热量最低的地区。冀中、冀东平原及燕山、太行山的部分丘陵地带是省内热量较好的地区。全省南部地区无霜冻期 200 d 以上，坝上地区不足 100 d。北部山区、沿长城一带及怀来、承德河川盆地 140 ～ 170 d。全省年日照时数为 2 450 ～ 3 100 h，坝上及北部山区最多，东部沿海及太行山北、中部次之，山麓平原、低平原及太行山南部最少。

全省年平均降水量 350 ～ 800 mm，多年平均降水量 541 mm，居全国第 24 位。受大气环流和地势地形的影响，燕山山前一带降雨量最多，年降水量为 750 mm 以上。张家口坝上康保和桑洋盆地以及怀安、涿鹿等地，降水量最少，年降水量在 400 mm 以下。受季风的影响，年降雨量的 80% 集中于夏季。近 60 年来，河北省旱涝灾害呈现"五年一涝，十年一大旱"周期性变化，1976 年以后出现旱年增多趋势。

（3）土壤。据全国第二次土壤普查，河北省共有褐土、潮土、棕壤、粗骨土、栗钙土、栗褐土、石质土、滨海盐土、风沙土、灰色森林土、灌淤土、新积土、沼泽土、草甸土、砂姜黑土、水稻土、山地草甸土、盐土、碱土、黑土、红黏土 21 个土类，55 个亚类，共计 164 个土属、357 个土种。按全国土壤水平分布带，河北省为褐土、栗钙土主要分布区，所以在各土类中全省以褐土面积最大，为 7 620.59 万亩，占全省土壤面积的 30.83%；其次是潮土，面积为 6 376.67 万亩，占 25.81%；再次是棕壤，面积 3 462.76 万亩，占 14.02%。如按土壤垂直分布规律，中低山区是山地草甸土、棕壤、淋溶褐土、褐土、石灰性褐土、潮褐土。高原区土壤主要有栗钙土、灰色森林土、黑土、草甸土、风沙土、盐土、碱土；山地土壤主要有山地草甸土、棕壤、褐土、栗褐土、粗骨土、石质土、水稻土；平原区土壤主要有潮褐土、潮土、砂姜土、风沙土、沼泽土、盐土、新积土等。

河北省土壤质地以壤质为主，占 60.2%，其次是沙壤质，占 20.5%，黏壤质占 9.8%，沙质占 5.75%，黏质占 3.76%。承德市沙质面积最多，达 900 多万亩；张家口市沙壤质面积最多，达 150.0 多万亩；壤质面积承德市最多，达 3 300 多万亩；黏壤质面积沧州市最多，达 560 多万亩；黏质面积唐山市最多，达 260 多万亩。

土壤有机质是土壤肥力的物质基础，是衡量土壤肥力高低的重要指标之一，与农作物产量呈高度正相关关系。河北省耕种土壤耕层有机质含量平均值为 1.26%，在全国属中等偏下水平；非耕种土壤为 3.29%，碱解氮平均含量为 68.4 mg/kg，速效磷平均含量为 9.9 mg/kg，速效钾平均含量为 109.3 mg/kg，呈现缺磷少氮、有机质低的状况。

（4）水文条件。河北省长度在 10 km 以上的河流约 300 条，主要分海河、滦河、辽河和内陆河四大水系。其中，海河水系主要由蓟运河、潮白河、北运河、永定河、大清河、子牙河、漳卫河、海河等支流组成，汇集燕山山地和太行山地的来水，呈扇状。滦河水系发源于丰宁县西北部的巴颜图尔古山麓，主要由闪电河、大滦河、兴州河、伊逊河、伊马吐河、武烈河、老牛河、柳河、瀑河、洒河、青龙河等支流组成。内陆河水系，有黑龙港河系和坝上地区的内陆河系。

河北省水资源总量多年平均 2.32×10^{10} m³，其中地表水资源平水年可利用量为 $1.021\ 3 \times 10^{10}$ m³，地下水年可利用量 9.0×10^{9} m³，全省人均水资源占有量列全国第 25 位，亩均水量列第 27 位，是淡水资源奇缺省份之一，影响水浇地和稳产高产农田面积的进一步扩大。

河北省共有地表水资源 1.67×10^{10} m³，其中山区 1.31×10^{10} m³，平原 3.6×10^{9} m³。按流域分，滦河水系 5.55×10^{9} m³，海河水系 1.063×10^{10} m³，辽河水系 3.3×10^{8} m³，内陆水系 1.9×10^{8} m³。全省地表水的年内分配比较集中，

山区河流的年径流量60%多产于6—9月份。山区和平原地下水资源分别评价和估算，太行山区大体以100 m等高线为界，燕山山区大体以50 m等高线为界。山区地下水资源为7.63×10^9 m^3。平原地下水资源，在京津以南大致以廊坊—安新—安平—宁晋—鸡泽—邯郸—成安—魏县一线为界，以西为全淡水区，以东为有咸水区。冀东地区有咸水区与全淡水区的分界线以昌黎—乐亭—滦南—丰南南部一线为界，以北为全淡水区，以南为有咸水区。省内地下水资源地区分布的总趋势是平原地区的补给模数大于山区，太行山、燕山山麓为我省地下水的富水区，补给模数为2.0×10^5 m^3/km^2以上。地下水的丰富程度平原是从北向南依次减少，即唐山地区最丰富，其次是保定、廊坊一部分，再次是石家庄，邢台、邯郸地区最少。

4. 社会经济概况

2019年，河北省常住总人口7 556.30万人，生产总值实现35 104.50亿元。其中，第一产业增加值3 518.40亿元；第二产业增加值13 597.3亿元；第三产业增加值17 988.8亿元。三次产业比例由上年的10.3∶39.7∶50.0调整为10.0∶38.7∶51.3。全省人均生产总值为46 348元。

（1）农业基本生产条件。河北省地处华北平原，地势平坦，土层深厚，加之光、温条件的优越，为农业生产提供了极为有利的条件。农林牧渔业总产值1 554.65亿元，按可比价格计算，比上年增长5.7%，其中，农业产值846.72亿元，林业产值25.37亿元；牧业总产值613.68亿元，渔业总产值58.88亿元；实现农林牧渔业增加值824.55亿元，按可比价格计算，比上年增长5%。全省农民人均纯收入2 478.86元，比1995年增加810.13元，增长48.5%，年均递增8.2%。

农业机械总动力7 000.39万kW，比1995年增长61.4%。机耕、机播、机收面积分别为7 608.9万亩、6 825.9万亩、4 032.0万亩，比1995年增长了10.4%、53.9%、42.9%。化肥施用量(折纯)270.62万t，每亩施用27.90 kg，农药使用量7.27万t，农用塑料薄膜使用量6.25万t。全省已配套机电井84.6万眼，有效灌溉面积6 723.5万亩，稳产高产田面积5 142.3万亩，节水灌溉面积2 968.1万亩。农村电气化水平显著提高，用电量达到180.45亿h，比1995年增长52.3%。

（2）农业生产状况。河北省农作物播种总面积13 536.6万亩，其中粮食作物播种面积10 378.05万亩；经济作物播种面积1 550.85万亩；蔬菜播种面积 1 299.15 万亩。粮食总产量 2 551.1 万 t，耕地面积亩产 366.7 kg，粮食播种面积亩产 246 kg；油料总产量 146.97 万 t，播种面积亩产 143 kg；麻类总产量 7 951 t，播种面积亩产 176 kg；甜菜总产量 11.53 万 t，播种面积亩产 780 kg；烤烟总产量 7 360 万 t，播种面积亩产 132 kg；蔬菜总产量 4 454.0 万 t，播种面积亩产 3 130 kg，居全国前列。

（二）数据来源

研究数据主要来自《河北统计年鉴（2010—2018 年）》《河北经济年鉴（2010—2018 年）》，河北省 11 个地市的《统计年鉴（2010—2018 年）》《河北农村统计年鉴（2010—2018 年）》，河北省 168 个县（市、区）的《统计年鉴（2010—2018 年）》，各县（市、区）的《国民经济和社会发展统计公报（2010—2018 年）》等。

二、构建模糊聚类矩阵

选择合适的统计量 x_{ij}，将被分类对象集合为 $X=\{x_1, x_2, \cdots\cdots, x_n\}$，因为每个样本 x_i 均含有 m 个特征指标，因此其特征指标矩阵为

$$X = \begin{Bmatrix} x_{11} & x_{12} & \cdots & x_{1m} \\ x_{21} & x_{22} & \cdots & x_{2m} \\ \vdots & \vdots & \vdots & \vdots \\ x_{n1} & x_{n2} & \cdots & x_{nm} \end{Bmatrix}$$

利用绝对值倒数法构造出 n 行 n 列的相似矩阵 R，公式如下：

$$r_{ij} = \begin{cases} 1 & i = j \\ \dfrac{c}{\sum\limits_{k=1}^{m}|S_{ik} - S_{jk}|} & i \neq j \end{cases}$$

其中 r_{ij}（$i=1, \cdots, n$；$j=1, \cdots, n$）为相似矩阵 R 的第 i 行第 j 列元素，c 为一特定的正数，用以保证 $0 \leq r_{ij} \leq 1$。由所有的相似系数 r_{ij} 得出达到单元之间的模糊相似矩阵为

$$R = \begin{Bmatrix} r_{11} & r_{12} & \cdots & r_{1m} \\ r_{21} & r_{22} & \cdots & r_{2m} \\ \vdots & \vdots & \vdots & \vdots \\ r_{m1} & r_{m2} & \cdots & r_{mm} \end{Bmatrix}$$

采用 CRITIC- 熵权法确定各县（市、区）土地安全评价指标权重，同时考虑数据较多，基于各县（市、区）土地安全评价指标权重的计算，不同县（市、区）之间存在着较大的差异，本研究对权重所列数据进行标准化处理及建立模糊等价矩阵后得到矩阵 R 为

$$R = \begin{pmatrix}
1 & & & & & & & & & & & & & \\
0.024 & 1 & & & & & & & & & & & & \\
0.082 & 0.051 & 1 & & & & & \text{对} & & & & & & \\
0.055 & 0.061 & 0.060 & 1 & & & & & & & & & & \\
0.072 & 0.082 & 0.061 & 0.020 & 1 & & & & & & & & & \\
0.047 & 0.054 & 0.051 & 0.047 & 0.037 & 1 & & & & & & & & \\
0.045 & 0.042 & 0.046 & 0.058 & 0.032 & 0.028 & 1 & & & & & & & \\
\vdots & \vdots & \vdots & \vdots & \vdots & \vdots & \vdots & \vdots & \text{称} & & & & & \\
0.056 & 0.056 & 0.043 & 0.083 & 0.043 & 0.032 & 0.045 & \cdots & 1 & & & & & \\
0.074 & 0.056 & 0.042 & 0.032 & 0.069 & 0.088 & 0.036 & \cdots & 0.054 & 1 & & & & \\
0.068 & 0.087 & 0.063 & 0.064 & 0.049 & 0.076 & 0.059 & \cdots & 0.036 & 0.037 & 1 & & & \\
0.043 & 0.064 & 0.063 & 0.059 & 0.089 & 0.068 & 0.041 & \cdots & 0.058 & 0.072 & 0.067 & 1 & & \\
0.046 & 0.054 & 0.061 & 0.054 & 0.028 & 0.036 & 0.058 & \cdots & 0.40 & 0.59 & 0.45 & 0.63 & 1 & \\
0.053 & 0.043 & 0.029 & 0.51 & 0.037 & 0.037 & 0.050 & \cdots & 0.015 & 0.051 & 0.029 & 0.053 & 0.045 & 1 \\
0.039 & 0.039 & 0.022 & 0.011 & 0.024 & 0.037 & 0.045 & \cdots & 0.048 & 0.056 & 0.055 & 0.038 & 0.038 & 0.026 & 1
\end{pmatrix}$$

三、KRUSKAL 模糊聚类

首先在相似矩阵 R 中提取最大元 r_{ij} 及次大元 r_{ij*}，最大元为 $r_{26/16}=r_{12/124}=0.988$。次大元为 $r_{107/12}=0.978$。按上面所述类推，得到最小树。反复寻找更低级元，得到最小树主树。直至树网中只有一棵树 [含有（$n-1$）条边时结束]。剔除图中权重小于所测算出的 λ 的边，然后将连通的元素归为一类。KRUSKAL 模糊聚类生成树如图 4-1 所示。

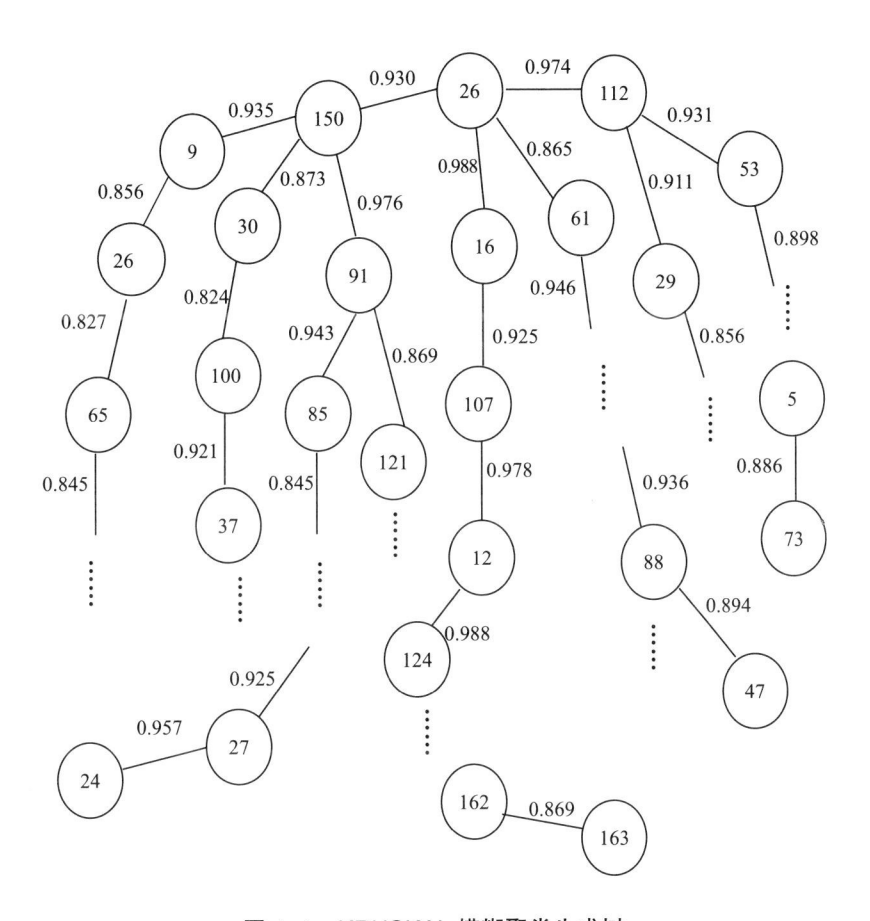

图 4-1　KRUSKAL 模糊聚类生成树

四、评价等级划分

基于河北省在京津冀生态协同发展中土地生态安全的重要性和模糊聚类分布规律的一般认知水平，选取 λ 属于区间 {0.000，0.400}，{0.400，0.600}，{0.600，0.800}，{0.800，0.900}，{0.900，1.000}。然后分别将连接线截断并进行聚类。最终得到了 168 各县（市、区）的五个土地安全等级。既 $\lambda \in \{0.900, 1.000\}$ 为安全，等级为 1 级；$\lambda \in \{0.800, 0.900\}$ 为较安全，等级为 2 级；$\lambda \in \{0.600, 0.800\}$ 为基本安全，等级为 3 级；$\lambda \in \{0.400, 0.600\}$ 为临界安全，等级为 4 级；$\lambda \in \{0.000, 0.400\}$ 为不安全，等级为 5 级。

五、结果与分析

通过对河北省 168 个县（市、区）建立土地生态安全 DPSIR 传导与影响框架，分析确定指标体系，整理 2010—2018 年河北省各项指标的相关基础数据，运用 KRUSKAL 进行模糊聚类，对不同土地生态安全区进行级别划分。得出 2010—2018 年河北省土地生态安全评价综合值。所得结果如表 4-1 所示。

表4-1 2010—2018年河北省土地生态安全评价综合值（λ值）及安全等级

县（市、区）	2010	2012	2014	2016	2018	县（市、区）	2010	2012	2014	2016	2018	县（市、区）	2010	2012	2014	2016	2018
长安区	0.375-5	0.378-5	0.372-5	0.425-4	0.685-3	鹿泉区	0.433-4	0.420-4	0.531-4	0.698-3	0.745-3	正定县	0.435-4	0.431-4	0.546-4	0.627-3	0.741-3
桥西区	0.327-5	0.312-5	0.363-5	0.402-4	0.611-3	栾城区	0.412-4	0.407-4	0.534-4	0.614-3	0.701-3	行唐县	0.376-5	0.351-5	0.389-5	0.468-4	0.597-4
新华区	0.304-5	0.331-5	0.374-5	0.433-4	0.689-3	辛集市	0.430-4	0.489-4	0.435-4	0.522-4	0.574-4	灵寿县	0.326-5	0.345-5	0.379-5	0.399-5	0.501-4
井陉区	0.231-5	0.277-5	0.343-5	0.376-5	0.398-5	晋州市	0.448-4	0.426-4	0.501-4	0.563-4	0.579-4	高邑县	0.346-5	0.387-5	0.396-5	0.459-4	0.526-4
裕华区	0.322-5	0.376-5	0.389-5	0.446-4	0.701-3	新乐市	0.413-4	0.431-4	0.479-4	0.512-4	0.545-4	深泽县	0.333-5	0.341-5	0.388-5	0.389-5	0.498-4
藁城区	0.311-5	0.324-5	0.389-5	0.472-4	0.569-4	井陉区	0.231-5	0.277-5	0.343-5	0.376-5	0.398-5	赞皇县	0.338-5	0.356-5	0.367-5	0.475-4	0.526-4
无极县	0.289-5	0.361-5	0.374-5	0.485-4	0.526-4	古冶区	0.496-4	0.482-4	0.574-4	0.698-3	0.724-3	迁安市	0.645-3	0.676-3	0.756-3	0.824-2	0.868-2
平山县	0.476-4	0.439-4	0.564-4	0.643-3	0.717-3	开平区	0.501-4	0.478-4	0.569-4	0.682-3	0.699-3	滦州市	0.687-3	0.666-3	0.698-3	0.745-3	0.814-2
元氏县	0.344-5	0.322-5	0.360-5	0.467-4	0.498-4	丰南区	0.433-4	0.467-4	0.574-4	0.675-3	0.689-3	滦南县	0.689-3	0.721-3	0.744-3	0.826-2	0.879-2
赵县	0.365-5	0.342-5	0.379-5	0.461-4	0.572-4	丰润区	0.501-4	0.490-4	0.568-4	0.642-3	0.701-3	乐亭县	0.465-4	0.521-4	0.536-4	0.549-4	0.678-3
路南区	0.674-3	0.643-3	0.685-3	0.768-3	0.821-2	曹妃甸	0.509-4	0.542-4	0.674-3	0.769-3	0.824-2	迁西县	0.625-3	0.674-3	0.768-3	0.846-2	0.886-2
路北区	0.656-3	0.645-3	0.685-3	0.735-3	0.813-2	遵化市	0.642-3	0.631-3	0.769-3	0.815-2	0.855-2	玉田县	0.468-4	0.499-4	0.584-4	0.645-3	0.698-3

续表 1

县(市、区)	2010	2012	2014	2016	2018	县(市、区)	2010	2012	2014	2016	2018	县(市、区)	2010	2012	2014	2016	2018
海港区	0.723-3	0.745-3	0.766-3	0.846-2	0.873-2	青龙县	0.911-1	0.924-1	0.925-1	0.931-1	0.936-1	永年区	0.456-4	0.421-4	0.546-4	0.674-3	0.689-3
山海关	0.749-3	0.769-3	0.779-3	0.799-3	0.856-2	邯山区	0.565-4	0.542-4	0.574-4	0.649-3	0.746-3	武安市	0.426-4	0.429-4	0.498-4	0.549-4	0.677-3
北戴河	0.846-2	0.837-2	0.898-2	0.924-1	0.935-1	丛台区	0.544-4	0.560-4	0.650-3	0.768-3	0.776-3	临漳县	0.465-4	0.476-4	0.568-4	0.697-3	0.705-3
抚宁区	0.831-2	0.874-2	0.868-2	0.798-3	0.912-1	复兴区	0.495-4	0.506-4	0.589-4	0.645-3	0.701-3	成安县	0.444-4	0.420-4	0.560-4	0.670-3	0.701-3
昌黎县	0.842-2	0.811-2	0.865-2	0.903-1	0.946-1	峰峰区	0.389-5	0.367-5	0.474-4	0.526-4	0.535-4	大名县	0.468-4	0.421-4	0.524-4	0.567-4	0.689-3
卢龙县	0.927-1	0.914-1	0.935-1	0.937-1	0.943-1	肥乡区	0.468-4	0.444-4	0.546-4	0.627-3	0.674-3	涉县	0.444-4	0.411-4	0.561-4	0.628-3	0.712-3
磁县	0.496-4	0.501-4	0.542-4	0.647-3	0.655-3	曲周县	0.466-4	0.421-4	0.572-4	0.646-3	0.698-3	临城县	0.456-4	0.417-4	0.549-4	0.643-3	0.679-3
邱县	0.442-4	0.489-4	0.481-4	0.535-4	0.675-3	桥东区	0.501-4	0.498-4	0.524-4	0.555-4	0.679-3	内丘县	0.689-3	0.654-3	0.701-3	0.765-3	0.824-2
鸡泽县	0.477-4	0.522-4	0.565-4	0.650-3	0.667-3	桥西区	0.397-5	0.359-5	0.399-5	0.495-4	0.574-4	柏乡县	0.324-5	0.345-5	0.368-5	0.469-4	0.499-4
广平县	0.365-5	0.332-5	0.368-5	0.469-4	0.498-4	南宫市	0.323-5	0.314-5	0.359-5	0.476-4	0.526-4	隆尧县	0.354-5	0.361-5	0.367-5	0.481-4	0.497-4
馆陶县	0.331-5	0.354-5	0.387-5	0.444-4	0.493-4	沙河市	0.479-4	0.465-4	0.482-4	0.565-4	0.654-3	任县	0.468-4	0.487-4	0.529-4	0.645-3	0.688-3
魏县	0.462-4	0.415-4	0.507-4	0.624-3	0.679-3	邢台县	0.477-4	0.420-4	0.532-4	0.647-3	0.688-3	南和县	0.346-5	0.326-5	0.389-5	0.487-4	0.498-4

续 表2

县(市、区)	2010	2012	2014	2016	2018	县(市、区)	2010	2012	2014	2016	2018	县(市、区)	2010	2012	2014	2016	2018
宁晋县	0.386-5	0.364-5	0.397-5	0.496-4	0.524-4	清河县	0.478-4	0.511-4	0.526-4	0.669-3	0.711-3	徐水区	0.311-5	0.345-5	0.376-5	0.388-5	0.498-4
巨鹿县	0.476-4	0.462-4	0.526-4	0.647-3	0.687-3	临西县	0.455-4	0.421-4	0.569-4	0.632-3	0.699-3	涿州市	0.356-5	0.346-5	0.389-5	0.456-5	0.521-4
新河县	0.443-4	0.412-4	0.509-4	0.511-4	0.672-3	竞秀区	0.521-4	0.509-4	0.574-4	0.589-4	0.701-3	定州市	0.344-5	0.333-5	0.380-5	0.390-5	0.488-4
广宗县	0.463-4	0.411-4	0.498-4	0.532-4	0.627-3	莲池区	0.565-4	0.543-4	0.598-4	0.674-3	0.742-3	安国市	0.311-5	0.309-5	0.356-5	0.495-5	0.511-4
平乡县	0.498-4	0.456-4	0.529-4	0.543-3	0.701-3	满城区	0.365-5	0.374-5	0.396-5	0.498-4	0.579-4	高碑店	0.344-5	0.361-5	0.355-5	0.476-4	0.504-4
威县	0.424-4	0.440-4	0.512-4	0.525-4	0.649-3	清苑区	0.421-4	0.404-4	0.565-4	0.609-3	0.678-3	涞水县	0.453-4	0.413-4	0.546-4	0.648-3	0.698-3
阜平县	0.521-4	0.535-4	0.567-4	0.674-3	0.756-3	望都县	0.365-5	0.398-5	0.389-5	0.476-4	0.520-4	博野县	0.472-4	0.417-4	0.568-4	0.674-3	0.721-3
定兴县	0.468-4	0.521-4	0.536-4	0.578-4	0.619-3	安新县	0.465-4	0.428-4	0.546-4	0.587-4	0.656-3	雄县	0.439-4	0.468-4	0.544-4	0.677-3	0.723-3
唐县	0.461-4	0.476-4	0.591-4	0.674-3	0.720-3	易县	0.501-4	0.468-4	0.526-4	0.641-3	0.679-3	桥东区	0.689-3	0.698-3	0.724-3	0.845-2	0.868-2
高阳县	0.487-4	0.532-4	0.564-4	0.666-3	0.741-3	曲阳县	0.365-5	0.354-5	0.398-5	0.476-4	0.589-4	桥西区	0.666-3	0.649-3	0.745-3	0.598-4	0.888-2
容城县	0.464-4	0.421-4	0.496-4	0.508-4	0.688-3	蠡县	0.421-4	0.443-4	0.524-4	0.601-3	0.679-3	宣化区	0.745-3	0.721-3	0.779-3	0.842-2	0.864-2
涞源县	0.521-4	0.502-4	0.645-3	0.722-3	0.769-3	顺平县	0.488-4	0.523-4	0.546-4	0.648-3	0.715-3	下花园	0.689-3	0.711-3	0.724-3	0.599-4	0.827-2

续表3

县(市、区)	2010	2012	2014	2016	2018
万全区	0.654–3	0.623–3	0.754–3	0.821–2	0.845–2
崇礼区	0.689–3	0.756–3	0.789–3	0.912–1	0.931–1
张北县	0.865–2	0.801–2	0.868–2	0.894–2	0.911–1
康保县	0.866–2	0.895–2	0.894–2	0.914–2	0.946–1
沽源县	0.842–2	0.831–2	0.877–2	0.898–2	0.988–1
尚义县	0.875–2	0.846–2	0.888–2	0.924–2	0.956–2
滦平县	0.745–3	0.721–3	0.789–3	0.846–2	0.898–2
隆化县	0.724–3	0.756–3	0.768–3	0.834–2	0.886–2
丰宁县	0.843–2	0.865–2	0.898–2	0.924–1	0.936–1
宽城县	0.833–2	0.864–2	0.887–2	0.910–1	0.935–1
围场县	0.924–1	0.956–1	0.978–1	0.985–1	0.988–1
新华区	0.468–4	0.476–4	0.526–4	0.643–3	0.685–3

县(市、区)	2010	2012	2014	2016	2018
蔚县	0.921–1	0.903–1	0.936–1	0.945–1	0.957–1
阳原县	0.869	0.852–2	0.864–2	0.913–1	0.943–1
怀安县	0.931–1	0.912–1	0.946–1	0.975–1	0.978–1
怀来县	0.845–2	0.869–2	0.898–2	0.922–2	0.930–1
涿鹿县	0.921–2	0.910–2	0.943–1	0.965–1	0.974–1
赤城县	0.876–2	0.881–2	0.892–2	0.921–2	0.943–1
运河区	0.376–5	0.321–5	0.359–5	0.476–4	0.520–4
泊头市	0.356–5	0.341–5	0.389–5	0.497–4	0.501–4
任丘市	0.333–5	0.360–5	0.389–5	0.467–4	0.488–4
黄骅市	0.465–4	0.489–4	0.502–4	0.611–3	0.637–3
河间市	0.327–5	0.339–5	0.386–5	0.459–4	0.498–4
沧县	0.363–5	0.311–5	0.386–5	0.456–4	0.479–4

县(市、区)	2010	2012	2014	2016	2018
双桥区	0.820–2	0.851–2	0.864–2	0.877–2	0.898–2
双滦区	0.586–4	0.584–4	0.592–4	0.597–4	0.724–3
鹰手营子区	0.376–5	0.385–5	0.398–5	0.526–4	0.720–3
平泉市	0.745–3	0.733–3	0.746–3	0.845–2	0.869–2
承德县	0.744–3	0.766–3	0.787–3	0.796–3	0.865–2
兴隆县	0.902–1	0.931–1	0.946–1	0.975–1	0.976–1
青县	0.341–5	0.307–5	0.385–5	0.476–4	0.507–4
东光县	0.344–5	0.361–5	0.372–5	0.477–4	0.498–4
海兴县	0.346–5	0.322–5	0.346–5	0.376–5	0.399–5
盐山县	0.333–5	0.343–5	0.356–5	0.369–5	0.394–5
肃宁县	0.311–5	0.324–5	0.355–5	0.376–5	0.486–4
南皮县	0.344–5	0.361–5	0.389–5	0.468–4	0.511–4

续 表4

县(市、区)	2010	2012	2014	2016	2018	县(市、区)	2010	2012	2014	2016	2018	县(市、区)	2010	2012	2014	2016	2018
吴桥县	0.326–5	0.351–5	0.363–5	0.429–4	0.488–4	三河市	0.426–4	0.435–4	0.524–4	0.641–3	0.653–3	大厂县	0.411–4	0.427–4	0.538–4	0.674–3	0.689–3
献县	0.344–5	0.321–5	0.365–5	0.426–4	0.469–4	固安县	0.436–4	0.475–4	0.489–4	0.564–4	0.675–3	桃城区	0.345–5	0.312–5	0.379–5	0.48–46	0.498–4
孟村县	0.322–5	0.333–5	0.355–5	0.368–5	0.399–5	永清县	0.326–5	0.356–5	0.378–5	0.389–5	0.397–5	冀州区	0.311–5	0.321–5	0.349–5	0.453–4	0.479–4
安次区	0.465–4	0.432–4	0.493–4	0.611–3	0.685–3	香河县	0.456–4	0.423–4	0.549–4	0.654–3	0.687–3	深州市	0.309–5	0.345–5	0.361–5	0.379–5	0.398–5
广阳区	0.346–5	0.321–5	0.393–5	0.465–4	0.502–4	大城县	0.326–5	0.368–5	0.374–5	0.388–5	0.395–5	枣强县	0.324–5	0.319–5	0.347–5	0.421–4	0.498–4
霸州市	0.289–5	0.307–5	0.355–5	0.378–5	0.398–5	文安县	0.456–4	0.439–4	0.548–4	0.649–3	0.701–3	武邑县	0.356–5	0.358–5	0.386–5	0.462–4	0.487–4
武强县	0.345–5	0.325–5	0.368–5	0.379–5	0.389–5	安平县	0.346–5	0.358–5	0.397–5	0.426–4	0.489–4	景县	0.341–5	0.352–5	0.347–5	0.433–4	0.468–4
饶阳县	0.321–5	0.302–5	0.358–5	0.369–5	0.397–5	故城县	0.365–5	0.346–5	0.389–5	0.482–4	0.501–4	阜城县	0.360–5	0.341–5	0.389–5	0.469–4	0.513–4

注:表中"0.289–5",其中"0.289"表示Ⅰ值;"5"表示安全等级。

第五章 河北省土地生态安全变化分析

一、土地生态安全时间变化分析

2010—2018年，河北省各县（市、区）的土地生态安全状况处于不断转好的趋势。2010年，各县（市、区）的土地生态安全综合值（λ值）为0.231～0.931，最大值为怀安县，最小值为井陉区。2012年，各县（市、区）的土地生态安全综合值（λ值）为0.277～0.956，最大值为围场县，最小值为井陉区。2014年，各县（市、区）的土地生态安全综合值（λ值）为0.343～0.978，最大值为围场县，最小值为井陉区。2016年，各县（市、区）的土地生态安全综合值（λ值）为0.322～0.985，最大值为围场县，最小值为孟村县。2018年，各县（市、区）的土地生态安全综合值（λ值）为0.389～0.988，最大值为围场县，最小值为武强县。

由图5-1可知，2010—2018年河北省各县（市、区）的土地生态安全级别不断上升。2010年，安全等级为1级的有7个，安全等级为2级的有13个，安全等级为3级的有20个，安全等级为4级的有66个，安全等级为5级的有62个。2012年，安全等级为1级的有7个，安全等级为2级的有13个，安全等级为3级的有20个，安全等级为4级的有66个，安全等级为5级的有62个。2014年，安全等级为1级的有7个，安全等级为2级的有13个，安全等级为3级的有20个，安全等级为4级的有66个，安全等级为5级的有62个。2016年，安全等级为1级的有17个，安全等级为2级的有15个，安全等级为3级的有53个，安全等级为4级的有66个，安全等级为5级的有17个。2018年，安全等级为 1 级的有 20 个，安全等级为 2 级的有 21 个，安全等级为 3 级的有 67 个，安全等级为 4 级的有 49 个，安全等级为 5 级的有 11 个。2010—2018 年，安全等级 1 级区域增加了 13 个，5 级区域减少了 51 个。

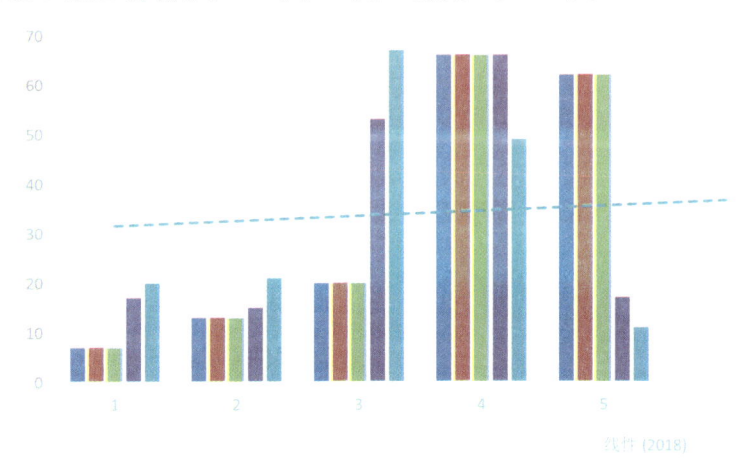

图 5-1　2010—2018 年河北省各县（市、区）土地生态安全等级图

依次为 2010 年、2012 年、2014 年、2016 年和 2018 年

二、土地生态安全空间差异分析

河北省土地生态安全空间变化特征采用土地生态安全等级的县域数量统计结果与 2010—2018 年各时期土地生态安全空间分布结果进行分析。

2010—2014 年，河北省南部平原区、中东部区、东部部分沿海区包括石家庄、保定、邢台、衡水、邯郸、廊坊、沧州、唐山的 62 个县（市、区）处于不安全等级。86 个县（市、区）处于临界安全或基本安全等级。河北省北部燕山区、南部太行山区、东部部分沿海城市包括承德、张家口、秦皇岛等 20 个县（市、区）处于较安全或安全等级。2016 年，河北省南部平原区、中东部区、东部部分沿海区 17 个县（市、区）处于不安全等级。119 个县（市、区）处于临界安全或基本安全等级。河北省北部燕山区、南部太行山区、东部部分沿海城市、部分南部平原区、中东部区的 32 个县（市、区）处于较安全或安全等级。2018 年，河北省南部平原区、中东部区、东部部分沿海区 11 个县（市、区）处于不安全等级。106 个县（市、区）处于临界安全或基本安全等级。河北省全省范围内的 41 个县（市、区）处于较安全或安全等级。总地看来，2010—2014 年，河北省土地生态安全空间变化特征不显著，张家口、承德、秦皇岛的县（市、区）处于安全等级。2014年后，河北省南部平原区、中东部区、东部部分沿海区的土地生态安全等级显著提高，安全、较安全和基本安全等级的县（市、区）明显增加，并开始以北京、天津、石家庄为中心，带动中南部地区城市群和周边县（市、区）安全等级稳步提升。

三、土地生态安全影响因素分析

2010—2014年，河北省的土地生态安全状况总体上处于不安全级别，这与人们环保意识淡薄关系密切。人们无止境地开发自然资源来发展经济，不顾污染环境、浪费土地的危害。特别是一些矿山的过度开采，使河北省的土地生态系统出现了严重破坏，生态效益状况日益恶化，土地生态系统逐渐失去了某些服务能力。2014年以后，土地生态安全情况开始迅速由不安全级别向临界级和基本安全级变化，生态效益状况逐步改善，土地生态系统功能开始逐渐恢复。这与国家施行的退耕还林、土地安全治理工作有直接关系。今后人们要更加重视土地生态保护政策的连续性，关注土地生态保护潜在的长期性问题，提高对土地生态安全重要性的认识。协同京津区域针对土地生态容量变化制定动态的土地生态保护政策，科学编制土地生态保护规划，对工业"三废"做好治理，做好耕地数量、质量的管理控制，提高土地资源的保护。注重土地资源利用和生态建设，统筹安排年度土地生态保护任务，切实加强制度的完善和监督，关注土地生态破坏后修复的后期管理，建立相应的评价机制与畅通的反馈渠道，重视生态保护的意见和要求，这些都应成为河北省土地生态建设工作今后发展的重点。

第六章 专题研究

一、河北省耕地生态质量安全影响因素及保护策略研究

近年来，随着人口的不断增加以及社会经济的快速发展，耕地不断减少，农业物资储备不足，抗灾能力差，自然灾害频繁等成为制约河北省农业发展的主要因素。要想不破坏耕地而满足未来农业对耕地的需要，必然要利用现有的资源条件和技术水平，采用耕地生产潜力挖潜方式，保护和增加现有耕地数量和质量。耕地生态质量安全是河北省利用有限的耕地资源保障粮食安全，持续发展生态经济建设的必然要求。

（一）河北省耕地生态质量安全影响因素分析

1. 表层土壤质地

河北省耕地表层土壤质地以壤质土为主；次之为沙壤质土；再次为黏壤质土；质地较差的沙质和黏质较少。滹沱河和永定河以沙壤为主；古黄河以轻壤土为主；漳河以黏壤土为主。冀东燕山山前平原主要分布壤土、黏土、沙土和砾质土。滦河冲积扇主要分布壤土、黏土、沙土和少量流动沙。燕山山前平原洼地主要分布壤土、黏土、沙土和砾质土。太行山北段冀中山前平原和南段冀南山前平原主要分布壤土、黏土和沙土。永定河冲积平原主要分布壤土、黏土、沙土和少量流动沙。冀中洼地、南冲积平原、冀南低平原、冀南漳、卫河冲积平原主要分布壤土、黏土和沙土。冀东滨海平原主要分布壤土、黏土、沙土和少量流动沙。运东滨海平原主要分布壤土、黏土、沙土和少量流动沙。涿鹿、怀来山地丘陵盆地、张宣盆地主要分布壤土、黏土、沙土、砾质土和流动

沙。冀西北阳原蔚县盆地主要分布壤土、黏土、沙土和砾质土。燕北中山主要分布壤土、黏土、沙土、砾质土和流动沙。燕山长城两侧低山丘陵主要分布壤土、黏土、沙土和砾质土。太行山北段中山、西部低山、东部丘陵主要分布壤土、黏土、沙土和砾质。坝东高原和坝西高原主要分布壤土、黏土、沙土、砾质土和流动沙。河北省山地丘陵地带植被较为稀疏，所以在山地坡陡处极易受到雨水侵蚀，燕山及太行山冲积平原会受到河流沉积规律的影响，使土壤表层之地形成紧沙慢淤。河北省北部张承坝上高原地区受风蚀影响造成土壤质地变异。

2. 土壤有机质含量

土壤有机质含量主要指在微生物作用下土壤中形成腐殖质的含量。土壤养分状况越好，土壤肥力越高，土壤有机质含量越高。河北省耕地土壤有机质含量在全国属于中下等水平，平均值仅为1.2%。东部燕山山地土壤有机质含量最高，其中承德市平均值为1.6%，土壤有机质含量居全省首位；南部太行山山地土壤有机质含量次之；坝上高原地区土壤有机质含量较山地次之；土壤有机质含量较低的为平原区土壤；土壤有机质含量全省最低的为衡水市，平均值仅为0.9%左右。

3. 地形坡度

根据国家对耕地坡度的要求及河北省起伏变化较大的耕地表面形态，将河北省耕地按坡度不同划分为平耕地（坡度<2°）和坡耕地（坡度>2°）。河北全省平耕地 $5.81104 \times 10^6 \, hm^2$，占全省耕地总量的80.45%。主要分布在太行山山前平原地区。全省坡耕地主要分布在燕山低山丘陵和太行山地带。其中，承德市和张家口市分布面积最大，衡水市和沧州市无坡耕地分布。为提高耕地的农业生产能力，变坡耕地为梯田是最有效的方式。河北省应大规模地修筑水平梯田，增加梯田面积。加强水利基础设施建设，引水上山。在梯田内有效实施喷灌和滴灌，提高土耕地利用效率，积极开展坡耕地退耕还林还草工作。

4. 土体构型

河北省根据土体构型所起的作用不同，可划分为"均质型""蒙金型""底漏（漏沙）型""腰沙型"。其中，均匀质型剖面通体上下的质地是相同的。涉及的土壤类型有均质壤、均质沙、均质黏等多种类型。河北省的均质型土壤中，面积大小依次为壤质均质型>黏质均质型>沙质均质型>砾质均质型。河北省蒙金型土壤主要分布在省内河流洪冲积平原。蒙金型土壤耕地表层土壤质地较轻，透气性好，易于耕种。土壤心底土层质地黏重，有益于水土保持，较少土壤肥力流失。底漏型在河北省的土壤类型为潮土、潮褐土、草甸土和新积土。主要特点是土体的下部出现沙、砾、卵石层，土壤心底土层质地疏松，不利于水土保持，土壤肥力易于流失。作物易受旱或者出现脱肥早衰情况。腰沙型在河北省主要存在于栗钙土和褐土中。主要特点是土体中出现沙、砾或钙积层，且面积及厚度均很大，不利于作物根部生长。

5. 有效土层厚度

河北省平原区耕地土层厚度都深厚，不存在有效土层问题。山区、丘陵和坝上高原为了满足作物扎根生长需要，应保证土层厚度大于50 cm以上。目前，和内生山地、丘陵和坝上高原未达到有效土层厚度的土壤面积较大，占全省耕地面积的近20%。特别是水土流失严重、土地沙化和土地荒漠化的地区有效土层较薄。

6. 灌溉保证率

灌溉保证率是保障作物正常生长用水需求的指标。水源和灌溉条件是影响灌溉保证率的因素。河北省平原地区耕地主要以水浇地为主。山地、丘陵及坝上高原耕地主要以旱地为主。太行山及燕山山前平原地区耕地所占比重最大。因山前平原水利基础设施较完备，加之近年来国家高标准农田建设及土地综合整治，处于山前平原的市县耕地水利化已完成并且程度较高，耕地基本完全成为水浇地。河北省内承德市和张家口市耕地主要为旱地，水利化程度较弱，水浇地面积较小。特别是承德市，需增加农田水利基础设施建设，持续推进土地综合整治工程。

7. 土壤盐渍化

河北省的坝上高原耕地区已经成为我国重要盐碱地分布区。盐碱地治理工作是当务之急。河北省盐碱化土地面积分布广泛。在高原、盆地、河谷、平原均有分布。特别是滨海平原地区，土地盐碱化严重程度较高，盐碱荒地较多。因土体含盐量较高，自然脱盐时间较短，治理难度最大。坝上高原地区和山间盆地地区的自然环境恶劣，应利用现代农业技术，加大资金投入，提高治理效率。

（二）河北省耕地生态质量保护策略

1. 切实保护耕地，确保耕地总量动态平衡

保护耕地是我国的基本国策，河北省人口众多、人均耕地面积减少过快、

建设用地占用过多耕地的现象尚未得到根本遏制。因此，要采取强有力的措施，在一个相当长的时间内，保住全省近亿亩耕地总量不变。建设需要用地，要执行最严格的管理办法，应先走盘活存量、内涵挖潜的道路，确实需要占用耕地的，不许占用一级保护基本农田，按各级土地利用总体规划内容严格审批制度，占一补一，做到数量与质量的占补平衡，维持耕地总量的动态平衡。对耕地进行分等定级建档监测，根据地力升降情况予以奖惩，鼓励农民加大资金投入承包土地，深挖土地生产潜力。

2. 根据耕地生态质量的不同制定相应措施

根据耕地的土壤性状、肥力水平、水热状况、地形地貌特点等方面进行综合分析，采取相应措施提高耕地地力，增加耕地的生产率和产值。

河北省高产田耕地主要分布在太行山山麓平原、燕山山麓平原和中部平原。这类耕地基本无限制因素，光热充足，地下水和地表水资源较丰富，灌溉条件好，保浇程度高，地势较平坦，土层深厚，质地适中，肥力较高，平均每亩产粮 700 kg 以上，是重要的粮食生产基地，应继续培肥、节约用水、引进高科技、提高土地生产力。

对盐碱地采取水平与垂直排灌系统水利改良工程，以及培肥、平整土地改良措施。改善耕地排水条件，参照规程规定结合河北实际，可将河北省耕地排水条件分 4 个等级。其中，1 级：排水体系健全，无洪涝灾害；2 级：排水体系基本健全，丰水年暴雨后短涝 1～2 d；3 级：排水体系一般，丰水年雨后短期涝 2～3 d；4 级：无排水体系，常年大雨后沥涝 3 d 或 3 d 以上。

3. 加强农田基本建设，改善农田生产条件

河北省地貌类型多样，地域差异较大，气候资源分布不均，自然灾害频繁，缺水干旱尤为严重。占全省耕地面积 56% 的中低产田，除干旱外，还存在薄、碱、涝、沙、黏、蚀、污等多种障碍因素。河北省中产田耕地主要分布在中部平原，其次分布在太行山、燕山山地丘陵、冀西北间山盆地及滨海平原。这类耕地受土壤质地、盐碱、地形坡度、肥力及水源条件等限制因素的轻度与中度限制，土地质量中等，生产水平较低，一般每亩产粮为 300～700 kg，属于中产田，也是河北省的重要基本农田和粮棉油生产基地。这些土地生产性能较好，增产潜力较大，主要是水源不足，水肥不够协调，影响生产潜力的发挥。因此应大力发展节水农业，培肥地力，有步骤地实施沃土计划，培育高产稳产低消耗农田，增强农业发展后劲。河北省中底田耕地主要分布于太行山山

地丘陵、冀西北间山盆地、坝上和滨海地区。这类耕地基本无水利设施，无灌溉水源，受地形坡度、土壤侵蚀、土层厚度、土壤质地、土壤盐碱化、积水及土壤肥力、气温等因素的限制，虽然光热条件较好，但不能充分发挥生产潜力，粮食产量低而不稳，一般每亩粮低于 300 kg，为河北省的低产农田。应针对各地实际的障碍因素，有针对性地采取改良措施，重点解决干旱缺水问题，继续增加改造本等耕地的物化投入，提高低产田的土壤肥力。

二、基于土地生态质量类型区的河北省土地生态环境建设研究

依据可持续发展的要求，经济发展要将以粗放经营为特征的传统发展模式转变为效益型的发展模式。从经济发展与生态的关系来说，就是要在发展中努力实现对资源的耗竭速率不能超过资源的再生和增长率、对环境的损害率不能超过环境复速率。河北省特别是冀西北地区生态区位十分重要，生态建设的任务较为艰巨。河北是风沙进入北京的必经之地。可以说，河北省的土地生态建设工作，不仅是河北本省可持续发展的需要，更是保卫首都生态安全的需要。

（一）河北省土地生态环境现状

不合理土地利用的表现主要有对边际耕地的大量开垦，包括山区对坡地的开垦，坝上地区对草地的开垦等；对植被的严重破坏，包括山区对森林的破坏形成大范围的荒草地，坝上地区对草地的过度利用造成草地严重退化等。因此，恢复原有生态系统平衡体系，大力度调整不合理的土地利用结构，发展经济，实现资源的可持续利用，已成为河北省土地生态可持续发展的当务之急。

冀西北地区属华北平原向内蒙古高原的过渡地带，包括张家口的全部和承德西北部。土地贫瘠，沙化严重，自然灾害频繁，其土地利用生态环境的脆弱显现得愈来愈严重。主要表现为坝上地区草场退化严重，土地的风蚀沙化仍在持续，草地面积减少；坝下地区丘陵山地面积大，荒山、荒坡，植被稀疏，水土流失严重，对农业生产及生态环境产生巨大影响，已成为制约当地经济发展的重要因素，并且对天津乃至首都北京空气质量、水质构成威胁。沙化较轻地带由于土壤结构松散，肥力低下，保水保肥能力差，农作物产量低。沙化较重的地方风蚀表土层较 10 年前下深 5～10 cm。地表呈现沙砾裸露，植被稀疏，农作困难，干旱年份无收获，更形不成草原植被。遇风极易起尘或扬沙，危害严重。

(二)河北省土地生态环境退化原因分析

1.水土流失

水土流失破坏了水土资源,不仅造成大量作物所需要的水、土和肥料的流失,还导致河道淤积、交通阻塞、水库淤塞,加剧了水土流失相关地区的水旱等自然灾害,降低了人口环境容量,极大地影响了农、林、牧业的发展和土地利用效益。根据全国第二次土壤侵蚀调查结果,河北省现有水土流失面积为 62 975 km², 占全省土地总面积的 32.3%, 占全省山丘区总面积的 55.45%, 水土流失平均侵蚀模数为 2 023 t/(km²·a)。每年土壤侵蚀总量达 2.37×10^8 t, 水土流失严重。全省土壤侵蚀强度的空间分布特点如下:侵蚀最严重的区域为坝上高原及坝缘山地、冀西北间山、太行山山地和遵化、迁安、迁西、青龙等燕山浅山区,其次为燕山深山区、冀西北盆地、太行山丘陵区和浅山丘陵区。

2.土地沙化

河北省沙化地主要分布于坝上高原地带,处于内蒙古浑善达克和科尔沁两大沙地沙漠的边缘,具有非常典型的沙漠边缘地貌特征,农牧交错,沙地主要沿六大风口、九条风沙通道分布于沟谷地带,并形成五大沙滩。沙地地貌形态有沙丘、沙垄、沙岗等。由于处于沙漠前缘,因此沙地具有很强的流动性。在气象持续干旱的沙漠边缘地区,沙地的强烈流动意味着沙漠迅速扩展,将对人类的生存环境造成极大的危害。内蒙古沙漠前端距首都北京的直线距离不足 200 km, 频繁发生的沙尘暴已给北京的生态环境造成了很大影响。

(三)河北省土地生态质量类型区划分

根据河北省气候、地形的变化,参照农业区划和种植区划,可将河北省土地生态质量分为八个类型区,即燕山山前平原区、太行山山前平原区、海河冲积平原区、滨海平原区、冀西北间山盆地区、燕山山地丘陵区、太行山山地丘陵区、坝上高原区。

1.太行山山前平原土地生态质量区

该区包括石家庄、保定、邢台、邯郸四市及其所属的 51 个县的全部或部分。本区主要由河流冲积扇、洪积裙联合组成。年均温 11.5~13.5 ℃, 年降水 500~650 mm; 主要土类是褐土, 也有潮土、沙土等分布; 区内河流均属大清河、子牙河水系; 地面植被覆盖主要是农作物。

2.太行山山地丘陵土地生态质量区

该区包括保定、石家庄、邢台、邯郸所属 26 县全部或部分,建有 2 个自然保护区。地势西高东低，呈阶梯状分布，该区地处海河上游，是河北省平原的天然屏障，是根治平原洪涝灾害和维护生态平衡的关键所在，也是林、果、土特产品生产的重要基地；年均温 7.4～14.0 ℃，年均降水量 500～750 mm；该区有 20 条大河，水资源较丰富；土壤类型以棕壤、褐土为主；生物种类繁多。

3. 海河冲积平原土地生态质量区

该区主要包括衡水、沧州、邯郸、邢台、保定、廊坊地区 58 个县市的全部或部分，区内建有 1 个省级自然保护区。年均温 11.0～13.3 ℃，年降水 550～650 mm；土壤以潮土、盐渍化潮土、褐土化潮土、湿潮土为主。

4. 滨海平原土地生态质量区

该区包括黄骅、海兴、盐山、孟村、唐海和沧州市区的全部，青县、沧县东部，丰南、滦南、乐亭的南部，区内建有 1 个省级自然保护区。年均温 10.8～12.6 ℃，年降水 600～700 mm。

5. 燕山山前平原土地生态质量区

该区包括唐山、秦皇岛二市和廊坊地区所属的 14 个县市的全部或部分，建有 1 个国家级自然保护区和 2 个省级自然保护区。该区系由潮白河、蓟运河、滦河及其他较小河流的洪积、冲积扇复合而成。年均温 11 ℃左右，土壤以草甸褐土、淋溶褐土、褐土化潮土为主，土质肥沃，且区内河流众多，引灌方便，利于发展农业。区现有林地面积少，应重视农田林网绿化工程建设。

6. 燕山山地丘陵土地生态质量区

该区包括承德地区坝下和唐山、秦皇岛、承德三市所属 19 个县市的全部或部分，建有 1 个国家级自然保护区和 2 个省级自然保护区。该区为滦河、潮白河、蓟运河等水系上游或发源地，海拔多为 1 300～1 500 m，地貌分为中山、低山、丘陵和盆地四种类型，低山、丘陵面积较大。燕山山地属中温带向暖温带过渡、半干旱向半湿润过渡的大陆性季风型气候，年降雨量 600～700 mm，河流多，水资源丰富，植被种类繁多。低山、丘陵区坡耕地较多，水土流失也较为严重，需加大力度退耕还林还草。

7. 冀西北间山盆地土地生态质量区

该区包括张家口市、宣化、怀安、万全、阳原、蔚县、怀来、涿鹿、崇礼、赤城的全部和尚义县的部分，区内建有 3 个省级自然保护区。该区位于恒山、太行山、燕山交接处，四周为中山，中间是盆地和低山丘陵；土地类型有淡栗钙土、棕壤、褐土和灌淤土；全区年降水380～510 mm，降水偏少，年均温10℃以上；主要河流为洋河、桑干河及其支流，水资源较丰富，该区植被主要是疏林、灌丛和草甸。土地存在不同程度的薄、瘠、漏、浸、沙、盐碱化等问题。

8. 坝上高原土地生态质量区

该区包括张北、沽源、康保三县的全部和尚义、丰宁、围场县的部分，区内建有红松洼草地生态系统自然保护区。该区海拔多为1 350～1 600 m，总地势由南向北倾斜；属冷温地带，年均温-0.3～3.5℃，年降水量340～450 mm，干燥度1.5～2.2，多大风；西部土壤多为栗钙土，东部多为黑沙土和灰色森林土；区内除鸳鸯河、闪电河及其以东诸小河外皆为内陆河，水资源缺乏。该区主要为干旱草原区，坝缘零星分布林地，人口增长的压力导致滥垦草地，使草原面积锐减，同时造成草地景观破碎度较高；超载放牧致使草场退化，水土流失、土壤沙化荒漠化程度加剧；风沙、干旱、洪灾等灾害频发，草原再生能力减弱，生态环境极为脆弱。

(四) 河北省耕地生态质量类型分区建设

1. 太行山山前平原土地生态质量区

该区应加强农田防护林建设，保护耕地资源，注重土地种养结合，提高可持续发展能力；发展经济的同时要注重生态环境保护，防止农业污染和工业污染造成的生态灾害。

2. 太行山山地丘陵土地生态质量区

该区农林牧比例不协调，植被覆盖率低且连遭破坏，水土流失严重，生态环境恶化，更加剧了自然灾害的发生。该区发展宜充分利用山场资源，大力恢复植被，搞好水土保持，重视经济的可持续发展。

3. 海河冲积平原土地生态质量区

该区自产地表径流多为汛期沥水，缺乏可利用水资源；河流污染较为严重，已经造成了严重的生态灾害，急需进行滏阳河等河流的综合治理。

4. 滨海平原土地生态质量区

该区多为海积地貌，地势低平而排水不畅，易造成涝灾。冰冻、风暴潮、风浪是影响滨海滩涂和近海资源开发利用的主要限制因素。土地资源丰富，但盐渍化严重。水资源贫乏成为农业生产的限制因素，未利用土地面积较大。应充分利用海水资源，发展海水养殖。利用河岸、渠旁、道路两侧大力种植，构成农田防护林网，改善生态环境。

5. 燕山山前平原土地生态质量区

应充分利用本区优势，发展农区牧业，利用丰富的农副产品资源和地理位置的优势，发展面向城市的农业商品生产体系，综合治理城市工业对环境的污染，加快恢复矿区生态环境。

6. 燕山山地丘陵土地生态质量区

应充分利用自然资源优势，发展生态旅游，注重生态农业、林业开发，进一步增加林地覆盖面积，保障和加强其生态屏障和水源涵养地的生态功能。

7. 冀西北间山盆地土地生态质量区

该区中部、西部的黄土丘陵沟壑地貌起伏不平，加之不合理垦荒种植、滥伐、过牧等掠夺式经营，水土流失一直呈发展趋势，土地资源受到威胁，生态环境逐渐恶化。该区应把封山育林和人工造林相结合，逐步恢复森林植被，合理利用和保护天然草场，在保护生态的基础上发展畜牧业。

8. 坝上高原土地生态质量区

该区位于京、津的上风地带，又是北京的水源保护地，地理位置的特殊性使区域生态建设显得尤为重要。该区环境治理及生态恢复必须遵循生态系统的自然规律，转变"以粮为纲"的思想，加快产业调整步伐，重点恢复坝上草原生态，强化其生态屏障和水源涵养地的生态功能，实现生态环境良性循环。

三、河北省石家庄市生态环境建设研究

（一）石家庄市生态环境和资源状况调查与分析

1. 石家庄市自然条件现状

（1）气候。石家庄市属于暖温带大陆性季风气候，由于太阳辐射的季节性变化显著，地面的高低气压活动频繁。春季常有5至6级的偏北风或偏南风，4月份后，地面气温回升，由于空气中湿度不足，降水很少；夏季深受海洋暖湿气流的影响并带来大量水汽和潜热能量，形成较为丰富的降水，6、7、8三个月降水占全年降水量的63%～70%；秋季受蒙古高压影响，全区常连续出现稳定天气，风和日暖，晚秋有寒潮天气发生，秋高气爽，开始出现早霜；冬季受西伯利亚冷高压的影响，盛行西北风，气候寒冷干燥，天气晴朗少云，少有降水。

①日照。全区年平均日照时数为2 563～2 852 h，占可照时数的

58%～65%。其中，赞皇、灵寿日照时数最多，分别为2 852 h和2 794 h，元氏、无极最少，分别为2 623 h和2 563 h。日照百分率全区平均为61%，最大是赞皇，为65%；最小是无极，为58%。本区年平均太阳总辐射为527.0～565.1 kJ/cm²。其中，以赞皇、平山、灵寿一带为最多；无极、深泽、辛集市一带为最少。

②气温。全区年平均气温为11.8～13.2 ℃。赞皇年平均气温13.2 ℃，元氏12.6 ℃，平山12.6 ℃，灵寿12.5 ℃，以上各县在全区中年平均气温较高。行唐年平均气温11.8 ℃，新乐12.2 ℃，无极12.1 ℃，以上三县年平均气温较低。1月份的气温分布也是赞皇、元氏、平山、灵寿四县较高，行唐、新乐、无极三县最低。7月份本区各县（市）气温的分布差异最小，仅有0.4 ℃。影响石家庄地区气温分布的主要因素有海拔高度、焚风效应、盆地效应和地理位置。石家庄市最热月是7月，平均气温为26.0～26.4 ℃；最冷月是1月，平均气温 -2.6～4.7 ℃。气温年较差赞皇最小，为29.0 ℃；无极最大，为30.9 ℃。若以全区而论，则最大气温年较差为31.1 ℃。

③降水。石家庄市年平均降水量为450～550 mm。自无极、藁城、赵县以西地区，降水量由东南向西北递增，大致由460 mm增加到740 mm。新乐、藁城、无极一带是山东泰沂山地的雨影区，降水量不足500 mm，也是河北省内的少雨区之一。本区降水量的季节悬殊较大。春季降水量占年降水量的10%～14%；秋季降水量占年降水量的17%～22%；冬季降水量仅占年降水量的2%～3%；夏季降水量占全年降水量的63%～70%，且主要集中在7—8月份。石家庄市年降水量最多可达800 mm以上(1964年)，最少年只有200 mm（1965年、1972年）。降水相对变率为23%～31%，其中以赞皇为最大，高邑为最小。全区80%保证率年降水量为300～400 mm，春季为13～38 mm，夏季为150～250 mm，秋季为25～54 mm，冬季为3～4 mm。

④风。石家庄市属于风能欠缺区。年有效风能贮量小于250 kW/m²，平山仅有170 kW/m²，利用风能价值不高，但在生产建设上也有好坏两方面影响。

（2）地形地貌。石家庄市西高东低，太行山大致以北东—南西向耸立于本区的西部。由西而东依次排列着中山、低山、丘陵、平原，形成了地势上十分明显的西高东低的特点。地处平山西北隅的南驼海拔2 281 m，为河北省第5高峰，成为本区的特高点。山区内有不少千米以上的山峰，构成了西部山峦重叠、地势高耸的态势。东部平原海拔一般在30～100 m，其中辛集市北庞村海拔仅有 28 m，是本区海拔的最低点。地貌类型复杂多样。中山、低山、丘陵、平原以及山区内的亚高山、构造断陷盆地等地貌类型一应俱全。特别是在西部山区，几种地貌类型彼此交错分布。

（3）水文。

①河流。石家庄市全境属海河流域。河流分属于子牙河水系和大清河水系。主要河流有滹沱河、磁河、大沙河、槐河等。其中，除磁河、大沙河属于大清河水系外，其余均属于子牙河水系。

②地表水。石家庄市多年平均降水量为 552.8 mm，多年平均降水总量 5.949×10^8 m³。全年降水大部分集中在 6 至 9 月，一般占全年的 75% 以上，最大的月降水出现在 8 月。雨区随着地形和高度的变化比较明显，暴雨区多出现在磁河源头、岗南库区、槐河源头三处，以磁河源头为最多。在 20 世纪 70 年代中期，平原地区的辛集市、晋州一带也出现过暴雨区。石家庄市自产水径流量多年平均为 1.133×10^8 m³，其中山区为 9.28×10^8 m³，平原（72 m 等高线以下）为 1.70×10^8 m³。由外区流入本区的水量主要来自滹沱河上游及冶河上游的山西省，其次是石家庄市辖区。另外，省厅每年还从保定地区的王快水库分配本区一定的水量。

（4）植被。石家庄市植被属暖温带针阔混交林地带，具有多样性和复杂性的特点。原始植被久遭破坏，现在的植被类型是由自然植被和人工植被组成的。

①林区分布。西北部海拔 1 500 m 以上地带为桦、松水源涵养、用材林区，自然植被破坏程度轻，盖度在 85% 以上，森林资源较为丰富，山坡上仍保留有天然次生植被，主要乔木树种有红桦、白桦及人工栽植的华北落叶松。西部海拔 800～1 500 m 地带为松、栎水保、用材林区。该区宜林条件较好，历来是石家庄地区发展林业生产的重要区域。植物种类繁多，结构复杂，呈现出较明显的垂直带谱。西部海拔 800 m 以下低山丘陵地带为槐、枣水保、干果经济林区。山麓平原为杨、梨农田防护、鲜果经济林区。该区是石家庄地区粮棉集中产区，沿河两岸及古河道是以梨、苹果为主的鲜果生产基地。石家庄市东部低洼盐碱地带为榆、柳防护林区，不利于各种植物生产，林业用地较少。

②草场类型及分布。石家庄市草场共分四类。平山县和灵寿县的北部边缘，海拔 1 500 m 以上地带为山地草甸类草场。该类草场以中生、多年生草本植物为主。由于草场地处深山区，很少被利用，植被基本处于原始状态。在平

山县西北部,灵寿、元氏及赞皇县西部,行唐县北部海拔 500～1 500 m 的中山、低山地带为山地灌木草丛类,草场植物组成以中生、中旱生或旱中生、旱生、多年生灌木和草本植物为主。此类草场灌木丛生,可食性较差。在平山县东南部,灵寿县中部、南部,行唐县南部、元氏县南部和赞皇县东部等地区的海拔 500 m 以下低山丘陵地带为山地丘陵草丛类,草场植被以旱生、中旱生植物为主。灵寿县磁河中下游、赞皇县河流两岸滩地和低山丘陵沟谷汇水地带为低湿草甸草场类,草场植物以中生、旱中生草类为主。此类草场利用频繁,超载过牧严重,可食性牧草明显下降。

（5）土壤。石家庄市土地总面积中,土壤面积 11 922 km²,占全区土地总面积的 94.67%。按土类、亚类、土属和特殊土种土壤分类,可分为 11 个土类、22 个亚类、81 个土属、270 个土种。其中,褐土和潮土是本区面积最大的两个土类,也是最主要的耕作土壤。石家庄地区由局部地方性因素形成的土壤有潮土、沼泽土、水稻土、盐土、风沙土、新积土、粗骨土、石质土。

（6）矿产。石家庄市辖区目前累计发现矿种 50 余个,矿化点千余处,其中已开发利用的矿产约 30 余种,探明储量的矿产有 26 种。能源矿产主要有煤、地热和天然气。矿区是优质煤矿区。地热利用是近年来蓬勃发展的产业,平山县和辛集市已实现开发利用,藁城区和无极县的地热开发正在积极筹备之中。金属矿产主要有金、铁、铝土矿等。其中,黄金主要分布于灵寿、平山两县。位于灵寿县的石湖金矿是石家庄市最大的采、选、冶联合生产企业,黄金年产量超万两。铁矿主要以磁铁矿为主,多分布于平山、灵寿、赞皇等地。铝土矿主要集中于井陉区。非金属矿产主要有石灰岩、白云岩、石英沙岩、硅线石、耐火土、碎云母、滑石、蛇纹石、石英、长石、岩棉用辉绿岩、饰面用花岗岩、大理岩、重晶石等。其中,饰面石材、电石灰岩、制碱灰岩、熔剂灰岩都在全省占有重要地位。平山红等优良的饰面石材深受国内外客户的欢迎。水气矿产主要为矿泉水,在石家庄市分布广泛,目前已设立矿泉水水源地 40 个,开发企业 8 家。

2. 石家庄市土地利用生态环境问题分析

（1）水资源短缺。石家庄市水资源特点如下：一是水资源量较少,全市人均水资源量 256 m³,占全国平均值的 1/8,亩均水资源量 253 m³,占全国平均值的 1/9,按国际标准衡量属极度贫水区；二是水资源分布不均匀,由西向东逐渐减少,各地区相差悬殊,给水资源开发造成很大困难。由于采补失衡,导致地下水位不断下降，地下水降落漏斗面积持续扩大。2005年，石家庄市地下水水位降落漏斗综合面积已达到428 km²，地下水位埋深也不断增加，目前全市地下水平均埋深22.4 m，其中浅层水超采5 571 km²，深层水超采1 734 km²。

（2）水土流失。石家庄市近几年区域环境干化，水土流失严重；绿化覆盖率低，城市风沙大，形成二次扬尘污染；静风频率高，扩散能力差，热岛效应明显，东部平原由于农业生产大量使用农药、化肥、农膜，地力下降，生态环境呈恶化趋势。由于连年干旱和人为破坏，水土流失成为石家庄市西部山区最为突出的生态环境问题，主要分布在平山、行唐、灵寿、赞皇、井陉、鹿泉、矿区等县区境内。据统计，西部山区的水土流失面积已达3 004.5 km²，占西部山区总面积的33.8%，山区涵养水源能力降低，植被生长环境恶化。

（3）地质灾害。在石家庄市政府下发的《2019年石家庄市地质灾害防治方案》中，石家庄存在地质灾害隐患301处，其中灵寿县36处、平山82处、鹿泉区23处、井陉及矿区36处、行唐县22处、赞皇县44处、元氏县58处。这些隐患点直接威胁着村庄、学校、农田、公路及输电线路。根据山区各县、市地质灾害调查与区划的野外实际调查情况，结合2006年对灾害隐患点的调查，石家庄确定97处地质灾害隐患点为当年地质灾害重点防范对象，其中滑坡36处、泥（水）石流47处、崩塌6处、塌陷4处、地裂缝4处。石家庄地质灾害的主要诱发因素是降雨，汛期是地质灾害的多发期，大雨和极端降水增多，山区就可能发生局部洪涝。西部山区，尤其是灵寿、平山西北部山区的南甸、上庄、小觉、神堂关一带、赞皇县的软枣会、黄北坪、许亭及井陉区的吴家窑、胡家滩一带和井陉区西北部的辛庄及平山县西南部的景家庄、狮子坪一带地处太行山脉东麓迎风坡中低山丘陵地带，当东南暖湿气流爬升受阻时，山前雨量就会加大，易形成暴雨中心，诱发地质灾害。

（4）环境污染。

① 环境空气。石家庄城市环境空气仍然以"煤烟型"污染为主，区域生态环境较差，外来风沙、扬沙、建筑施工、机动车尾气排放等复合型污染特征越来越突出。市区环境空气质量超过国家二级标准，城市环境空气综合污染指数为轻污染水平，主要污染物为可吸入颗粒物、二氧化硫和二氧化氮。

根据石家庄市环境质量日报统计，石家庄市区近几年环境空气中主要污染物浓度年均值变化情况如表6-1所示，环境空气污染等级变化情况如表6-2所示。

表 6-1　石家庄市区近几年污染物浓度年均值变化情况

年度/年	PM_{10} 年均值/(mg/m³)	SO_2 年均值/(mg/m³)	NO_2 年均值/(mg/m³)
2015	0.206	0.244	0.068
2016	0.184	0.160	0.056
2017	0.175	0.152	0.044
2018	0.123	0.087	0.042
2019	0.133	0.055	0.041

数据来源：石家庄市环境质量日报。

表 6-2　石家庄市区近五年环境空气污染等级对照表

级别	2015 年	2016 年	2017 年	2018 年	2019 年
Ⅰ级	0	6	2	26	15
Ⅱ级	95	175	209	254	268
Ⅲ级	245	156	133	82	76
Ⅳ级	13	12	13	3	6
Ⅴ级	12	16	8	1	0
监测天数	365	365	365	366	365
优良天数比例/%	26.03	49.59	57.81	76.50	77.53

数据来源：石家庄市环境质量日报。

由以上数据可知，近五年石家庄市主要大气污染物 PM_{10}、SO_2、NO_2 的年日均浓度以及污染综合指数均呈现逐年下降趋势，2019 年空气质量级别Ⅱ级及优于Ⅱ级的天数达到了 283 d，同比 2018 年、2017 年、2016 年、2015 年Ⅱ级及优于Ⅱ级天数分别增加了 3 d、72 d、102 d 和 188 d。石家庄市环境空气质量状况总体上呈现逐年改善趋势。

② 水环境。水体污染和水资源短缺是石家庄市水环境面临的两大问题。由于持续干旱和生态环境破坏等原因，区域内地表水自然径流量减少，山体植被较差，导致大雨时水土流失较重；地下水补采失调，城镇地下水位漏斗不断扩大。

地表水：受汇水区范围内工业废水、城镇生活污水及面污染源的影响，岗南、黄壁庄水库中的总氮、总磷超标。绵河－冶河水体水质为劣Ⅴ类，主要污染物为石油类、氟化物、化学需氧量、生化需氧量等，首要污染物为石油类，首要污染断面为岩峰。与2018年相比，绵河－冶河水质污染变化不大。汶河水体水质为劣Ⅴ类，主要污染物为氨氮、生化需氧量、化学需氧量、挥发酚等，首要污染物为氨氮。从总退水渠口至大石桥，水质污染程度呈先下降后趋于平稳的趋势。汶河水质污染变化不大。滹沱河枣营断面水体水质为劣Ⅴ类，水体中主要污染物为挥发酚、氨氮、化学需氧量、生化需氧量等。首要污染断面为张村桥，首要污染物为挥发酚。滹沱河水质污染程度有所减轻。磁河古道为无极、深泽等县(市)工业废水和生活污水的纳污河，全程污染严重，主要受沿线工业企业所排污水影响。2018年度磁河水体水质为劣Ⅴ类。首要污染物为氨氮和生化需氧量。汪洋沟主要接纳石家庄市高新技术开发区和石家庄市经济技术开发区排放的污水，全程污染严重。2019年度汪洋沟水体水质为劣Ⅴ类。首要污染物为生化需氧量和氨氮。石家庄市饮用水源地黄壁庄水库、岗南水库主要污染物为总磷、总氮。岗南水库进水区污染相对较重，出水区污染相对较轻，总氮污染程度较2018年有所升高，总磷污染程度有所降低；黄壁庄水库中心区污染最轻，其总磷污染程度有所降低，总氮污染程度有所升高。

地下水：石家庄市区地下水硬度超标，污染物呈"带状"污染分布特征。

饮用水源：石家庄市区饮用水水质合格率为97.04%。影响饮用水水质的为地表水源，即岗南水库，饮用水质合格。

③ 声环境。根据石家庄市2019年统计年鉴，城市功能区昼间噪声均达到国家标准要求，夜间噪声值均超过国家标准要求，年度城市功能区噪声值较上一年有所下降。石家庄市区道路交通噪声平均等效声级为68.0 dB，降低了0.4 dB。道路交通噪声值集中分布于66.0～70.0 dB，超过70 dB的路段(超标路段)长度占总路段长度的18.6%。

石家庄城市区域环境噪声平均等效声级值为54.0 dB，与上一年持平。影响城市声环境质量的主要因素仍然是生活噪声和交通噪声。

3. 石家庄市资源供给和环境容量分析

（1）分析方法简介。自然资源管理是社会协调可持续发展的核心内容，而有效的自然资源管理依赖于对自然资源占用的准确量度。生态足迹评价方法是一种非货币化方法，是一种基于土地空间面积占用，用来量度可持续发展程度的自然资产综合核算工具。它从生态学、系统学的角度度量人类活动对所处环境产生的影响和程度，进而揭示出区域资源的消耗需求与供给能力的平衡情况。生态足迹是一个高度综合的复杂指标，最早由加拿大不列颠哥伦比亚大学规划与资源生态学教授里斯提出。需要先收集一个区域或国家人口大量的衣、食、住、行以及其所产生的废气（物）方面的数据，然后把它们折算成可以生产或吸收这些资源的陆地或水域生态系统的面积。该方法将人类的消费项目分为生物资源、水资源、能源以及建成地四个部分。这些项目占用耕地、林地、牧草地、水域用地、建成地和海洋，通过建立消费项目账户体系，以揭示人类消费活动与其赖以生存的土地资源之间的关系。足迹实际上是满足某年内特定区域人口所消费的资源所需要的各类土地资源的年再生能力，也就是足迹值越大说明人类的需求越大。由于目前国家政府及国内外学者对"生态容量"和"环境容量"的内涵及其计算项目尚无严格区分，且考虑到土地资源的特殊性和资料的可获取性，本研究课题中的生态容量即为环境容量。

生态足迹的计算公式如下：

$$EF = N \times ef = N \sum a_i = N \sum r_i \times (C_i/P_i)$$

生态容量（即环境容量）的计算公式：

$$EC = N \sum (A_j \times y_j \times r_j)$$

生态盈余（或赤字）：

$$ES \text{ 或 } ED = EC - EF$$

式中：i 为消费品的类型；P_i 为 i 种消费商品的平均生产能力（kg/hm² 或 kg/ha）；C_i 为 i 种商品的人均消费量；a_i 为人均 i 种消费品折算的生产土地面积；N 为人口数；j 为土地类型；A_j 为第 j 类土地利用类型的实际面积；r_j 为第 j 类土地利用类型的等价因子；ef 为人均生态足迹；EF 为总的生态足迹；EC 为生态容量；ES 为生态盈余；ED 为生态赤字；r_i 为第 i 种消费品所占土地类型的等价因子，就是一个使不同类型的生态生产性土地转化为在生态生产力上等价的系数。

在生态足迹指标计算中，各种资源和能源消费项目被折算为耕地、牧草地、林地、建成地、化石能源地和水域等六种生态生产性土地类型。由于这六类生态生产性土地的生态生产力存在差异,所以需要对计算得到的各类生态生产性土地面积乘一个等价因子,使其转化为统一的、可比较的生态生产性土地面积。某类生态生产性土地的等价因子等于全球该类生态生产性土地的平均生态生产力除以全球所有各类生态生产性土地的平均生态生产力。比如,可耕地的等价因子为2.8,表明生态生产性耕地的生态生产力是全球平均生态生产力的2.8倍。现采用的等价因子取自世界各国生态足迹的报告。比如,y_j表示第j类土地利用类型的产量因子,就是一个将各国各地区同类生态生产性土地转化为可比面积的参数,是一个国家或地区某类土地的平均生产力与世界同类平均生产力的比率。同类生态生产性土地的生产力在不同国家和地区之间是存在差异的,因而各国各地区同类生态生产性土地面积进行转化时分别乘了一个产量因子。将现有的耕地、牧草地、林地、建成地、海洋等物理空间的面积乘相应的等价因子和当地的产量因子,就可以得到世界平均的生态空间面积——生态容量(环境容量)。

综上所述,生态足迹是人口数和人均物质消费的一个函数,同时应注意的是由于人类利用资源的能力是动态变化的,因而生态足迹是一个动态变化的指标,每一年都会有不同的变化。

(2)石家庄市2019年资源承载力、环境容量分析。

①各类资源消费分析。

第一,生物资源消费状况(含水资源)。将生物资源消费分为农产品、动物产品、水产品和林产品四大类,按此各大类下有一些细的分类。生物资源生产面积的折算采用联合国粮农组织2003年计算的有关生物资源的世界平均产量资料来处理,以便于计算结果可以进行国与国、地区和地区之间的比较。按公式将2019年石家庄市生物资源的消费量转化为提供这类消费所需要的生态生产性土地的面积,如表6-3所示。

表6-3　石家庄市生物资源账户

项　目	全球平均产量 /(kg/hm²)	石家庄市 生物量/t	生态足迹	人均足迹 /hm²	生产土地 类型	总人口 /万人
农产品				0.287 9		
粮食	2 744	4 824 262	1 758 112.973 8	0.189 7	可耕地	927

续表

项目	全球平均产量/(kg/hm²)	石家庄市生物量/t	生态足迹	人均足迹/hm²	生产土地类型	总人口/万人
油料	1 856	238 671	128 594.288 8	0.013 9	可耕地	927
棉花	429	17 529	40 860.139 9	0.004 4	可耕地	927
蔬菜瓜类	18 000	13 338 048	741 002.666 7	0.079 9	可耕地	927
动物产品				2.001 5		
肉类	74	1 072 719	14 496 202.702 7	1.563 8	牧草地	927
奶类	502	740 108	1 474 318.725 1	0.159 0	牧草地	927
禽蛋	400	1 033 251	2 583 127.500 0	0.278 7	牧草地	927
水产品	29	29 232	1 008 000.000 0	0.108 7	水域	927
林产品				0.523 7		
水果	3 500	1 725 579	493 022.571 4	0.053 2	林地	927
干果	3 000	22 239	7 413.000 0	0.000 8	林地	927
花椒	1 600	3 098	1 936.250 0	0.000 2	林地	927
其他林产品	1.99	8 662	4 352 763.819 1	0.469 6	林地	927

第二，能源消费状况。能源平衡账户部分根据石家庄市能源消费数据处理了如下几种能源：原煤、焦炭、汽油、柴油和电力。计算时将燃料的消费转化为化石能源生产土地面积，数据以世界上单位化石能源生产土地面积平均发热量为标准，将当地能源消费所消耗的热量折算成化石能源用地面积，如表6-4所示。

表6-4 石家庄市能源账户

项目	全球平均能源足迹/(GJ/hm²)	折算系数/(GJ·t)	消费量/t	消费量/GJ	生态足迹/hm²	人均足迹/hm²	生产土地类型
能源						0.280 9	
原煤	55	20.934	5 856 765	122 605 518.510 0	2 229 191.245 6	0.240 5	化石能源地
焦炭	55	28.470	392 259	11 167 613.730 0	203 047.522 4	0.021 9	化石能源地

续　表

项目	全球平均能源足迹/(GJ/hm²)	折算系数/(GJ·t)	消费量/t	消费量/GJ	生态足迹/hm²	人均足迹/hm²	生产土地类型
汽油	93	43.124	215 579	9 296 628.796 0	99 963.750 5	0.010 8	化石能源地
柴油	93	42.705	155 611	6 645 367.755 0	71 455.567 3	0.007 7	化石能源地
电力	1 000	11.840	628 170	7 437 532.800 0	7 437.532 8	0.000 8	建成地

第三，建成地状况。根据2019年石家庄市土地调查统计资料汇编中的用地面积，对建设用地数据与电力消耗折算的建筑用地面积进行了处理，如表6-5所示。

表6-5　石家庄市建成地账户

项　目	总足迹	人均足迹	生产土地类型
电力	7 437 532.800 0	7 437.532 8	建成地

②生态足迹计算中的贸易调整。生态足迹指标的计算要求计算净消费量，所以应该在生物资源和能源的消费额中考虑贸易调整，即计算区域人口的生物资源消费、能源消费的净消费额的生态足迹。由于还没有办法获取各市县的对外贸易具体情况，因此没有考虑进出口贸易调整。

③人均生态足迹需求。2019年石家庄市的生态足迹计算结果汇总如表6-6所示。

表6-6　石家庄市人均生态足迹计算汇总表

土地类型	原始人均足迹/hm²	等价因子	均衡后人均足迹/hm²
可耕地	0.287 9	2.8	0.806 1
牧草地	2.001 5	0.5	1.000 8
林地	0.523 7	1.1	0.576 1
化石能源地	0.280 9	1.1	0.309 0
建成地	0.000 8	2.8	0.002 2
水域	0.108 7	0.2	0.021 7
人均足迹总需求			2.715 9

④环境容量的计算。等量因子的选取来自世界各国生态足迹计算报告。将石家庄市各种生物生产性土地面积转化为可比较的生物生产性土地面积时，耕地、草地、林地、水域、建筑用地的产量因子受资料所限，取的是中国生态足迹报告中的相应数据（Wackernagel et al., 1997），中国平均产量因子分别取1.66、0.19、0.91、1.00、1.66。在计算可供利用的生物生产性土地面积时，根据联合国环境和发展委员会的建议，扣除了12%的生物多样性保护面积。将石家庄市可利用的环境容量汇总如表6-7所示：

表6-7 石家庄市环境容量汇总表

土地类型	总面积	人均面积	产量因子	等价因子	人均均衡面积
可耕地	587 688.97	0.063 4	1.66	2.8	0.294 7
牧草地	0	0.000 0	0.19	0.5	0.000 0
林地	539 671	0.058 2	0.91	1.1	0.058 3
CO_2 吸收	0	0.000 0	0	1.1	0.000 0
建成地	179 205.95	0.019 3	1.66	2.8	0.089 9
水域	11 567	0.001 2	1.00	0.2	0.000 2
总供给面积					0.443 0
生物多样性保护12%					0.053 2
人均环境容量					0.389 9

⑤资源承载和环境容量汇总及分析。石家庄市生态足迹的计算结果由生态足迹的需求和供给的生态生产性土地面积即生态容量（生态承载力或环境容量）两部分组成，其汇总表如表6-8所示。

表6-8 石家庄市生态足迹与环境容量计算结果汇总表

生态足迹需求		生态足迹供给		需求与供给之差
土地类型	人均生态足迹	土地类型	人均环境容量	
可耕地	0.806 1	可耕地	0.294 7	0.511 4
牧草地	1.000 8	牧草地	0.000 0	1.000 8
林地	0.576 1	林地	0.058 3	0.517 8
化石能源地	0.309 0	CO_2 吸收	0.000 0	0.309 0

续 表

生态足迹需求		生态足迹供给		需求与供给之差
土地类型	人均生态足迹	土地类型	人均环境容量	
建成地	0.002 2	建成地	0.089 9	−0.087 7
水域	0.021 7	水域	0.000 2	0.021 5
人均足迹总需求	2.715 9	总供给面积	0.443 0	
		生物多样性保护 12%	0.053 2	
		人均环境容量	0.389 9	
		人均生态赤字		2.326 0

由以上分析可见，2019 年石家庄市的人均生态足迹需求为 2.715 9 hm²/人，生态承载力为 0.389 9 hm²/人，人均生态赤字达 2.326 hm²/人。这一数字远远高于我国的生态赤字。（根据自然资源部信息中心编写的《中国国土资源可持续发展研究报告（2018）》，1978—2018 年的我国人均生态足迹呈上升趋势，其中 2018 年人均生态赤字为 0.890 hm²。）生态赤字的存在表明石家庄市的发展模式可以认为处于一种不可持续的状态。

从人均生态足迹供需结构来看，石家庄市生态经济系统中生物生产性土地供给结构与社会经济发展的需求结构之间呈明显的不对称性。主要原因是 CO_2 吸收用地没有保留，对化石燃料的需求没能得到供给；建设用地的人均生态足迹是 0.002 2，生态供给却是 0.089 9，比需求高出 0.087 7，供给达到满足还有充足盈余；同时耕地和林地的供需矛盾突出，耕地的需求是 0.806 1，供给是 0.294 7，林地的需求是 0.576 1，供给是 0.058 3，当地的建设用地人均供给超过生态需求，同时还在通过土地利用规划的修编方式大量占用农田，特别是耕地；草地的需求是 1.000 8，草地的生态供给却是 0，水域的需求为 0.021 7，然而供给只有 0.000 2。造成草地和水域的供需矛盾尖锐的客观原因是其生产性土地面积的计算主要基于世界平均水平折算，然而现实情况并非如此，当地畜牧业生产并不仅仅依靠天然草地，而主要是通过农业内部结构调整，发展饲料，建立专业养殖场，每年农户饲养出售猪肉量占全区较高的比重，这部分畜牧产品并不全由草地提供。基于当地具体情况，草地的生态供需比例的严重失衡有所失真，而水产品的生产并不需要靠大面积的水域，而是依靠集约化的人工繁殖，通过资源的利用率来解决水域的供给不足。

从人均生态承受面积的供给结构看,其供给的人均生态足迹中耕地达 0.294 7,占到总量的 75.58%。另外,为了保护生物多样性的 12% 的生态土地空间也没有留出。总地来看,自然生态系统退化,土地利用结构不合理,本地可用于人类消费的可供生态空间类型结构较为单一。

生态足迹反映了生态消费状况,生态足迹越大,对生态环境的影响越大,也就越容易造成生态环境破坏;反之,生态足迹越小,说明人类与环境之间的矛盾越小。城市是依据人类意愿建设起来的一类生态系统,城市性质决定了它仅仅依靠自身能力不可能达到资源的满足。它必须依赖城市边界之外的有生产能力的生态系统来生产供城市消耗所需的粮食、水及可更新资源;同时,它必须依赖生态系统来提供清洁的空气和处理废物。但是,在世界资源普遍短缺的状况下,尽可能减少城市的生态足迹需求,不仅是改善城市生态环境的需要,也是城市经济发展的需要。石家庄市生态赤字主要是对自然资源的过度利用造成的,在不降低人民生活水平的前提下,减小生态赤字主要有 4 种方法:①改变人们的生产和生活消费方式,建立资源节约型社会生产消费体系;②依靠科技进步,采用高新技术,提高自然资源单位面积的产量;③高效利用现有资源;④从地区之外进口欠缺的资源以平衡生态足迹。

(二)土地利用与生态环境的关系分析

1.土地利用变化对生态环境的影响

石家庄市共有农用地 884 708.6 hm²,建设用地 179 206.0 hm²,未利用地 341 341.7 hm²,分别占全市土地总面积的 63.0%、12.7% 和 24.3%。在农用地中,耕地占最大比重,共 587 689.0 hm²,占 66.4%;其次是林地 187 379.3 hm²,占 21.2%;园地和其他农用地分别为 61 584.3 hm² 和 48 056.0 hm²,占 7.0% 和 5.4%。其中,其他农用地包括畜禽饲养地、设施农业用地、农村道路、坑塘水面、养殖水面、农田水利用地、田坎和晒谷场等用地。在建设用地中,居民点及独立工矿用地 149 807.4 hm²,占 83.6%;交通用地和水利设施用地分别是 10 932.2 hm²、184 66.4 hm²,占 6.1% 和 10.3%。在未利用地中,未利用土地 306 387.0 hm²,占 89.8%;其他土地 34 954.8 hm²,占 10.2%。其他土地包括河流水面、苇地和滩涂等用地。

从土地利用结构调查数据可以看出,耕地是石家庄市最主要的土地利用类型,其次是林地和未利用地。耕地包括灌溉水田、望天田、水浇地、旱地和菜地,占全市土地面积的 41.8%。耕地以水浇地和旱地为主,据第三次土地调查统计资料显示，水浇地和旱地分别占耕地面积的87.1%和11.6%。其中，水浇地遍布全市各地域，主要集中在正定县、栾城县、无极县、元氏县、赵县、辛集市、藁城区、晋州市、新乐市等东部区域；旱地主要分布在井陉区、行唐县、赞皇县、平山县等西部区域。林地面积有187 379.3 hm²，占全市土地面积的13.3%，其中以有林地为主。2018年，有林地占林地总面积的52.0%，其次是未成林造林地、疏林地、灌木林等，苗圃和迹地面积很小。林地主要分布在平山县、赞皇县、灵寿县、井陉区等西部山区。石家庄市还存在大量的未利用地，占全市总土地面积的24.3%，土地利用率还比较低。未利用地中以荒草地为主，荒草地占全市未利用土地的88.2%，其次是裸岩石砾地、其他未利用地、沙地、裸土地、沼泽地等，未利用土地主要分布在平山县、井陉区、灵寿县、赞皇县等西部山区，占全省未利用土地的80%以上。建设用地中，以居民点及独立工矿用地为主要用地类型，面积为149 807.4 hm²，占全市土地面积的10.7%。

林地和水域用地等土地利用类型具有较高的生态价值，如林地尤其是其中的森林资源可以净化空气、涵养水源、保持水土；水域用地包括河流、水库水面、苇地、滩涂、沼泽和坑塘、养殖水面等用地，其中大部分是众多野生动植物的繁衍地，对于维护生物多样性有重要意义。苇地、滩涂和沼泽等湿地被称为"地球之肾"，除了是一些珍稀野生动物的栖息繁殖地之外，还具有调节区域小气候以及调蓄洪水、防止洪涝灾害的功能。因此，下文从林地、水域用地的变化情况方面来分析宏观上土地利用变化对生态环境的影响。

全市林地面积比2015年有所增加，增长率为9.37%；水域面积则减少了3.19%；林地覆盖率为13.33%，增加了1.14个百分点。从2014年到2018年，林地面积共增加了16 056.2 hm²，年均增加2 676.0 hm²，年均增长率达1.56%；全市水域用地面积为64 824.2 hm²，占土地总面积的4.61%，比2000年减少了0.15个百分点。从2015年到2019年，水域用地面积共减少2 137.2 hm²，年均减少356.2 hm²，年均减少率为0.53%。

由以上可知，林地面积的年均增长率较大，为1.56%；水域用地面积减少，年均减少率为0.53%。一方面，为防治水土流失和土地沙化等生态环境问题，林地面积呈逐年增加的趋势，在一定程度上起到了改善生态环境的作用；另一方面，水域用地面临干旱缺水和水体污染等严重问题而出现退化现象，其中湿地也在过度开发利用中逐渐减少，这对于保护生态环境十分不利。

2.基础设施建设对生态环境的影响

(1)交通设施。石家庄市所有的交通用地中,农村道路占比最大,但是农村道路对生态环境的影响不甚明显,因此在此着重研究公路用地、铁路用地和民用机场对环境的影响(农道不属于交通用地)。

土地调查资料中显示,公路用地所占的比例最大,2014年为7 862.4 hm^2,占总交通用地面积的73.31%,2019年为8 524.7 hm^2,占总交通用地面积的77.98%;其次是铁路用地,2015年为2 188.3 hm^2,占20.40%,2018年为2 135.50 hm^2,占19.53%;民用机场2015年为674.33 hm^2,占6.29%,2018年为272.00 hm^2,占2.49%。

2019年,石家庄市的交通用地比2015年增加了207.1 hm^2,年增长率为0.32%,其中公路用地面积增加为662.3 hm^2,年均增长1.40%;铁路用地面积减少了52.8 hm^2;民用机场面积减少了402.4 hm^2。

由以上数据可知,石家庄市交通用地主要为公路用地和铁路用地。发达的交通有利于经济的发展和社会效益的提高,可对国民经济的发展起到较大的推动作用,但也会给生态环境直接或间接地带来一些负面影响,主要表现为施工期间的大填、大挖使沿线的植被遭到破坏,农田被侵占,地表裸露,从而使沿线地区的局部生态结构发生一定的不良变化。地表裸露容易造成水土流失,进而降低土壤的肥力,影响生态系统的稳定性;交通线路建成后,行驶的车辆会产生噪声污染,而其排出的尾气、烟尘、扬尘、碎落颗粒物、沥青烟等将会对一些植被和大气造成污染。

(2)水利设施。石家庄市水利设施规划中,需建立构筑防洪减灾、水资源供给、水生态环境三大保障体系。例如,建立政府调控、市场调节和公众参与的节水运行机制,大力发展低耗水、高产出节水型农业,清洁型、循环型工业,利用非常规水资源的服务业。目前,石家庄市已经开始实施各项水利设施工程,如重点建设水库除险加固与河道整治、城市防洪、南水北调、大中型灌区续建与节水改造、城市应急供水、滹沱河流域生态开发等项目,在一定程度上确保经济建设和环境安全。水利设施用地在产生巨大经济效益的同时,也带来了各种明显或潜在的环境问题。水利设施周边及其下游区域的环境将受到水利设施直接或间接的影响。水利设施建设改变了生物生存环境和气候环境,导致生物多样性的变化和物种的迁移,进而导致生物群落的变化和生物循环系统的改变。水利设施还有可能诱发地质环境灾害。由于土石的开挖,大型水利设施在建设期间直接破坏了原有的土地岩层结构，可能造成滑坡、山体崩塌；剥离的土石方在径流冲刷下可能形成泥石流；水库建成蓄水后水面加宽，水位加深，容易产生较大的波浪对岸坡冲刷、拍打，加之长期受高水位的浸泡，库区易诱发崩塌、滑坡、泥石流等次生地质灾害；滑坡与崩塌引起的浪涌，可能会对大坝的安全构成威胁。石家庄市水利设施工程的兴建还涉及少量移民，移民往往在库区附近的新居住区进行土地开发活动，扩大了坡地的开垦量或原有的植被，加快了水土流失。

（3）矿区开发。石家庄市矿区开采历史已达100余年，长期以来形成了以煤炭、冶金、机械、建材、化工为主导的工业框架格局，矿区工业化程度很高。受此影响，农民逐渐由从事农业生产转向与矿区工业产业相关的行业，境内出现了村办企业，工业在国民经济中占有绝对优势的地位，而农业比重极低。同时，长年的开采造成大面积土地塌陷和积水，致使大面积耕地质量下降，问题严重的已基本不具备粮食生产能力。据调查，矿区耕地塌陷面积占耕地总面积的65%以上，由于治理难度大，对土地的投入几乎没有经济效益可言，在二轮土地承包时，许多塌陷严重的耕地难以发包。在整个工业化发展过程中，污染物的排放量由少到多，到达一个高峰期后逐渐减少，最后趋于平稳。在工业用地相对比较集中的贾庄镇、凤山镇等，水环境质量和大气环境质量相对较差，有的甚至恶化严重。对石家庄市生态环境影响最大的是煤炭工业。火电厂燃煤过程中烟气的排放将直接影响环境质量。利用洗煤厂和焦化厂的工业废水灌溉农田，或者工业废水排入河流后，引用被污染的河流作为农业灌溉水源，会使土壤受到污染、土壤生产力下降、农作物减产。煤炭采掘及加工生产过程中将产生大量的煤矸石和电厂粉煤灰，在掩埋和堆放处可能通过种种途径引起污染物质的转移，危害周边环境。煤矸石的堆放过程将产生大量的粉尘。煤矿开采完毕后，较深的塌陷可以通过长期的积水成为坑塘和沼泽等；浅层的塌陷会在地表形成裂缝，形成地下水漏斗，加快水分的损失，对农作物的生长极为不利。同时，煤矿开采还可引发崩塌、滑坡、泥石流等次生地质灾害，造成大面积的土壤损失。

（4）南水北调工程。石家庄境内南水北调中线总干渠起自高邑县北渎村，穿越赞皇、元氏、新华区、新乐等8个县(市)、区，在新乐市北穿朔黄铁路进保定市，干线总长123.5 km，石家庄段总干渠设计流量为220～170 m³/s。其主要供水目标为石家庄市区、高新技术开发区、良村经济开发区、石化区和辛集、鹿泉、正定、无极、赵县、元氏等13个县(市)。至2030年，可分配石家庄水量将达到9.45×10^8 m³。南水北调工程是一项改善环境的工程措施，它通过对水的调节、控制和调动，达到除害、兴利并改造自然环境的目的。石家庄市由于干旱缺水形成了许多环境问题，如地下水位下降引起地面沉降，多条河流已干涸。南水北调中线工程是解决石家庄湿地生态环境恶化的重要战略性措施，其投入使用后，将减缓湿地取水量，能够保证生态用水，可有效地遏制湿地萎缩，恢复并建立良性循环的生态系统，大大提高湿地的环境容量及承载力，为石家庄市湿地生态旅游的开发奠定良好的基础。此外，它可以增加城市、工业供水，有利于城市环境整治，增加农业用水，可提高农作物产量和质量，可控制地下水超采并逐步恢复适宜的地下水位，改善水文地质环境。

（5）环城水系建设工程。依据石家庄市城市总体规划的绿地系统规划，利用现有水网体系，通过整治改造，规划新增水面面积1.0×10^7 m²，其中包括内环水系、中环水系和外围水系，内环水系即已建成的民心河水系，全长56.9 km，水面面积2.4966×10^6 m²，沿线有公园22座，主要利用中水、岗南、黄壁庄水库水为补充。

中环水系分为北环、西北环、西环、南环、东环水系。北环水系即已建成的太平河水系和石津灌渠水系，其中太平河水系全长10.8 km，水面面积2.445×10^6 m²，石津灌渠水系长20 km，水面面积7.0×10^5 m²。西北环、西环水系包括西北水利防洪生态工程和南水北调工程，其中西北部水利防洪工程全长24.6 km，水面面积1.943×10^6 m²，南水北调水系为常年输水工程，设计水面宽52.5 m，水深6 m，水面面积1.3×10^5 m²。南环水系自桥东污水处理厂沿南三环北侧向东与环山湖水系相连，全长10 km。东环水系位于太行大街东侧，明渠全长8 km，环山湖水景公园1个，河道宽18～35 m。外围水系主要为滹沱河水系、西部山前水系和东南洨河、汪洋沟水系。其中，北部滹沱河水系自黄壁庄水库至藁城东界，长70 km，水面面积5.0×10^6 m²。在建设滹沱河水系的同时，对支流周汉河进行生态整治，长21.3 km，在正定县城、周汉河入河口段形成2个湿地公园，水面面积达4.2×10^5 m²。石家庄市区水系总长310 km，规划整治水系长187 km，该工程估算总投资100亿元人民币，计划五年左右完成。

近年来，由于水系两岸单位、小区的不断建设和城市范围的迅速扩展，居民生活污水、工厂企业污水直接排入水系，致使河道淤积、水质恶化，河道两岸脏、乱、差等问题日益突出，周边居民也深受其苦，严重影响了城市形象。环城水系的打造，是加强环境保护、恢复自然生态、改善人居环境、建设和谐石家庄的一项生态工程。

3. 土地开发整理对生态环境的影响

生态环境是人类赖以生存和发展的基础条件，它的好坏直接关系到人类能否持续、健康地在地球上发展下去，因而随着生态环保意识的不断提高，人类对它的关注也逐渐加强。同样，土地开发整理也属于人类行为对生态环境的影响过程，它主要是借助一系列生物、工程措施对水、田、路、林、村进行综合整治，但在此过程中不可避免地会对项目区及其背景区域的水资源、水环境、土壤、植被、大气、生物等环境要素及其生态过程产生诸多直接或间接（累积效应）、有利或有害的影响，所以在土地开发整理过程中要尽量考虑发挥它对项目区生态环境影响的正效应，从而减少对项目区生态环境负效应的产生。

2015—2019 年，石家庄市土地开发整理（复垦）面积达到了 8 107.10 hm²，其中土地整理复垦面积为 1 719.92 hm²，农用土地开发 6 387.18 hm²。由此可见，石家庄市在这六年之内开发出了大量的农地，约是对已有土地整理面积与土地复垦面积之和的 4 倍。这些土地开发整理项目的实施，对石家庄市局部区域的生态环境产生了一定的影响。

（1）土地开发整理对生态环境的有利影响。土地开发整理主要是在项目区内实施土地平整、灌溉渠系防渗、修建配套设施、建设农田林网化等工程。这些工程的实施使项目区内田间土地平整、农田水利设施得到更新完善，有利于土壤的水、气、肥趋于协调，也使原有不利因素得到改良，使土壤的理化性状得到较好的改善。同时，结合整理后农业生产中土壤肥力的补充，使土壤环境朝着有利于高效农业生产的方向演化，也使项目区的各项基础设施日趋完善，田间道路布局合理，交通便利，地块内形成"田成方，路成网，林成行"的面貌，并且与周边环境更加融合。在石家庄市内的一些土地整理项目中，通过坡地改耕地、改善水利设施和交通条件等措施，严格根据统一规划、统一实施、综合开发的原则，对田、水、路、林、村综合治理，实现了"田块平整化，沟渠永久化，道路网络化"。对开发整理项目区内防护林体系的完善，有效地改善了石家庄市农田生态环境，改善了局部地区的小气候、涵养水土、防风固沙、净化空气等，改善了农田周围地区的大气环境质量，同时对增加土地利用空间多样性、减少农作物病虫害的发生起到了一定的积极作用。

（2）土地开发整理对生态环境的不利影响。土地整理主要是对原有耕地进行改造、整治、归并，但农村居民点的拆除、规划及配套硬化渠道等农田水利工程，在施工过程中将涉及大量的移动土方工程量，加之建筑材料、物流的集中和转移，以及施工期间打井和材料运输及施工人员日常生活等产生的废弃物、泥浆，施工期间的噪音和扬尘等，都将对环境造成不利影响。从长远看，这种影响是轻微的、暂时的。在具体操作过程中，要严格按照国家规定的施工操作程序施工，并通过有效合理的措施和方法避免这些不利影响的发生，尽可能地将施工对环境的影响降到最低。土地整理项目实施过程中将对土地重新规整，会对已有的土壤剖面和结构造成一定程度的破坏；同时，为了提高土地和水资源利用率，现有灌排渠系将采取裁弯取直及相应的防渗措施，会改变农田微生物生存环境，对生物的生长、繁殖产生不利影响，在一定时期内会弱化农田微生态环境。所以，在开发整理工程结束后应尽早安排农民耕种，以恢复植被。

综上所述，土地开发整理项目是国家的一项重要举措，石家庄市更是河北省重点开发整理项目的所在地，在完成国家任务的同时也要完成保护、改善项目所在地的生态环境的任务。土地开发整理项目的实施对于当地的生态环境是一把双刃剑，要充分发挥土地开发整理直接或间接带给项目区改善生态环境的能力，通过对田、水、路、林、村的综合整治，实行多种经营、综合开发或农林牧渔相结合，或农林果相结合，从全局角度出发，建立农业生态系统的可持续发展模式，实现经济效益、社会效益、生态效益的全面收获。

4.重大生态建设工程对生态环境的影响

（1）滹沱河生态整治区。滹沱河是石家庄市的母亲河、城市的水源地和一级水源保护区，担负着行洪、补水的任务，其生态功能和地位极为重要。滹沱河（市区段）生态整治区位于石家庄市区北部石太高速公路以北、滹沱河南岸，该区域对石家庄市区的生态环境影响较大，特划定为重点生态整治区。规划该区域以生态恢复和整治为主体，加强防洪设施建设，提高生态环境质量，完善基础设施配套。主要生态项目包括沿滹沱河制导线南侧建设 500 m 防沙林带，与滹沱河河床生态恢复形成以防风固沙、涵养水源、恢复生态环境为目的的绿色生态防护骨架；结合汊河整治改造，在满足防洪的前提下，建设具有郊野、游憩功能的生态绿地。

（2）生态市建设工程。生态市是社会经济和生态环境协调发展，各个领域基本符合可持续发展要求的地市级行政区域。生态市是地市规模生态示范区建设的最终目标。开展生态市建设是落实全面协调可持续发展观的具体措施，它运用生态经济学原理及系统工程的方法，大力发展循环经济，建立区域可持续发展的体制和机制，与实现全面建设小康社会和构建"和谐社会"的目标相一致。开展生态市建设，是提高石家庄市整体竞争力和综合实力的重大举措，也是保障省会生态安全的重要途径。

生态市建设规划将把石家庄市作为一个完整的自然－经济－社会复合生态经济体系进行规划和建设，把区域内生态环境建设和社会、经济建设视为一个整体，协调社会经济与生态完整性之间的矛盾，改变传统的经济增长模式，使区内生态系统更为协调、有序，经济持续发展更加健康。生态市建设规划高度重视资源和生态环境问题，注重增强可持续发展能力。生态市建设规划是在生态可持续发展的基础上对国民经济和社会发展规划中的薄弱环节的完善和重要补充，它将与国民经济和社会发展规划融为一体，为经济社会发展提供物质、能源保障，同时又对经济社会发展规划提出建议、要求，使三者相辅相成、协调发展。生态市建设规划是构建"和谐社会"、落实建设首善社区的具体体现，具体地讲，就是要把石家庄市建设成为一个宜看、宜居、宜人的现代化生态城市。因此，开展生态市建设对促进石家庄市经济发展与人口、资源环境相协调，发展循环经济，保护生态环境，加快建设资源节约型、环境友好型社会具有长远的重大战略意义。

（3）生态退耕工程。全球越来越严重的生态危机使人们认识到保护生态环境与发展经济同等重要，保护生态环境就是保护生产力，改善生态环境就是发展生产力。通过退耕还林还草，可以保护水土资源，防止水土流失，使水土资源得以合理利用，还可减少输入江河和水库的泥沙。国家制定的《全国生态环境建设规划》，要求2030年全国的水土流失60%得到治理，生态环境恶化的局面得到控制，由此退耕还林还草就显得极为重要。2015—2018年，退耕面积变化得很有特点，2017年前后几年的退耕面积都不大，2017年石家庄市生态退耕面积为14 131.48 hm^2，是最多的一年，主要是因为各级政府加大了退耕还林还草的力度。退耕还林还草工程既具有生态效益，又具有经济效益。因此，不仅要注重退耕，还要注重还林时林种的选择，也就是要注重经济林的种植。与此同时，由于石家庄市近年来沙尘天气越来越严重，防护林的种植也是不可或缺的。从近年来经济林和防护林种植面积来分析，石家庄市经济林、防护林在 2015 年到 2017 年间种植面积相对较多，2018 年、2019 年相对较少，但是种植面积比 2015 年以前已有相当大程度的增长，有效保障了生态环境的好转，对水土流失和土地沙化等现象的扭转也起了很大作用。

（4）太行山绿化二期工程。河北省太行山区自然灾害频繁，主要有旱灾、洪灾及风雹等，旱灾成灾范围广，一般十年九旱，遍布全区。为加速太行山区的绿化建设，改变山区植被稀疏、水土流失严重、生态环境脆弱、群众生活贫困的状况，1995 年至 2015 年，河北省实施了太行山绿化一期工程建设，森林覆盖率由 13.12% 提高到 24.2%（含灌木），提高了 11 个百分点，改善了局部地区的生态环境，使人民生活水平有了较大幅度的提高。根据国家相关要求，在汇总、平衡各县规划及林业区划的基础上，通过分析林业生产现状和自然经济条件，规划设计各项经济技术指标，石家庄市太行山绿化工程二期规划列入日程。太行山绿化二期工程建设分 4 个区，其中滹沱河水源涵养、水土保持防护林建设区为石家庄市范围，涉及行唐、灵寿、平山、井陉、井陉矿区、鹿泉 6 个县（市、区）。2006—2015 年，计划完成营造林 412 万亩，占建设区总面积的 25.8%，其中人工造林 240 万亩，封山育林 75 万亩，飞播造林 75 万亩，抚育补植 21 万亩。实际完成 421.42 万亩，占建设区总面积的 26.3%，其中人工造林 245.49 万亩，封山育林 76.51 万亩，飞播造林 76.91 万亩，抚育补植 21.48 万亩。

通过太行山绿化二期工程，石家庄市林地面积和森林覆被率显著增加，生态环境得到了很大改善。随着绿化面积的扩大，林草植被增加，为发展畜牧业提供了丰富的饲料，而畜牧业的发展又为农业和果品生产提供了有机肥料，改变了林、牧、农相矛盾的恶性循环；同时，工程建设可为闲置劳动力提供就业机会，可带动果品市场、果品加工和第三产业的发展，进一步促进当地国民经济的发展。

（三）生态环境建设与保护分区及分区管制

1. 生态功能分区的目的和意义

在对区域内自然、社会经济状况进行综合分析并充分了解土地利用生态环境问题的基础上，通过生态适宜性评价，划分石家庄市的生态功能分区，以此制定各个分区的管制规则，确定各分区的生态环境特征、生态环境保护目标与发展方向，促进土地资源的合理开发、利用与保护，提高可持续发展的能力，为土地利用总体规划的制定和区域的生态环境建设与保护提供科学依据。

2. 生态功能分区的原则与依据

（1）自然环境条件的相似性。自然环境因素是进行生态功能区划的最基本因素，包括地形、地貌、水文、土壤、气候和植被等自然构成因素，是生态环境类型形成与分异的基础条件，也是影响生态环境和资源特征的最直接因素。石家庄市具有明显的自然环境条件的区域差异性，在进行生态功能分区时应尽量保持各功能分区自然环境条件的相似性。

（2）社会经济条件及其发展战略的相似性。环境与社会、经济是相互关联的统一体，是相互影响和相互制约的，为了保证环境保护与社会经济发展相协调，生态功能分区不仅要考虑自然环境因素，还应该考虑社会经济条件方面的差异性，包括人口密度、经济发展水平和社会进步等方面的因素以及区域经济的发展战略。只有这样，才能制定更加科学、合理的各个分区的区域发展方向和思路。

（3）土地利用主要生态环境问题的相对一致性。生态功能分区的最终目的就是要保护资源与生态环境，实现资源的可持续利用，因此分析区域主要的生态环境问题及其分布特征，并保持分区主要生态环境问题的相对一致性，有利于各分区制定合理、有效的生态环境保护措施。

（4）保持县级行政区划的完整性。行政区划是国家权益的地方配置，为方便数据的获取、分析与处理，以及各个分区生态环境保护的统一领导与生态环境保护对策的具体实施，生态功能分区的界线应符合县级行政区界，在地域范围上应与各县级行政区的范围一致。

3. 生态功能分区

石家庄市区域的气候（光能、热量、降水等）、水文、地质、土壤和植被等自然环境要素受地形地貌的影响很大。因此，根据石家庄市地形地貌单元，初步划分2个生态区。在此基础上，根据生态适宜性评价指标进行二级分区，划分为6个生态亚区和25个生态功能区（表6-9），进行分区建设和保护。西部山区、丘陵生态区地处冀中南太行山中段山区，是石家庄的生态绿色屏障。本区划分为生态多样性保护区、地表水源涵养区、水土保持与生态旅游资源保护区三个生态亚区。东部平原生态区为太行山前平原地区，是域内人口密度最大的地区和主要粮食蔬菜产区，为生态环境高度敏感区，应以生态环境恢复、倡导生产和生活方式的生态化为主。本区分为都市区生态建设区、城市水资源保障区和东部平原生态农业区3个生态亚区。

表 6-9　石家庄市生态功能区划方案

生态区	生态亚区	生态功能区	涉及乡镇	生态功能	生态改善目标、管制措施	面积/km²
西部山区丘陵生态区	生物多样性保护区	驼梁—五岳寨、天桂山生物多样性保护与水源涵养区	平山县部分乡镇、灵寿县南营乡	生物多样性保护、水源涵养	大力植树造林，加强水土保持，大力发展林业	962
		苍岩山—嶂石岩—石柱山生物多样性保护与水土保持区	赞皇县部分乡镇、井陉区部分乡镇	生物多样性保护、水土保持	大力植树造林，加强水土保持，大力发展林业	428
	地表水源涵养区	滹沱河—岗南水库水源涵养区	平山县部分乡镇	水源涵养、水资源调蓄及保护	以农业为基础，保护生态环境	814
		滹沱河—黄壁庄水库水源涵养区	平山县部分乡镇、灵寿县部分乡镇、鹿泉区安镇	水源涵养、水资源调蓄及保护	营造良好生态环境，促进农林发展，防治水土流失	344
		绵河—冶河水源涵养区	井陉区部分乡镇	水源涵养、水资源调蓄及保护	植树造林、养草、防治水土流失	640
	水土保持与生态旅游资源保护区	北部丘陵水土保持区	行唐县部分乡镇、灵寿县慈峪镇与北谭庄乡	水土保持	加强水土保持和农业结构内部调整	643
		清凉山生态旅游管控区	矿区贾庄镇	生态旅游	严格保护耕地，发展林业，保护环境	16
		仙台山生态旅游管控区	井陉区辛庄乡	生态旅游	严格保护耕地，发展林业，保护环境	72
		封龙山生态旅游管控区	鹿泉区上寨乡、山尹村乡；元氏县前仙乡、姬村乡、南佐镇	生态旅游	严格保护耕地，发展林业，保护环境	67
		北部山区水土保持与水源保护区	灵寿县部分乡镇、平山县部分乡镇、行唐县上连庄乡	水土保持、水源保护	植树造林、养草、防治水土流失	1 299
		中部山区水土保持与水源保护区	井陉区部分乡镇、矿区部分乡镇、平山县部分乡镇	水土保持、水源保护	大力植树造林，加强水土保持，大力发展林业	502
		南部山区水土保持区	井陉区部分乡镇、鹿泉区部分乡镇、元氏县部分乡镇、赞皇县部分乡镇	水土保持、水源保护	大力植树造林，加强水土保持，大力发展林业	1 335

续 表

生态区	生态亚区	生态功能区	涉及乡镇	生态功能	生态改善目标、管制措施	面积/km²
东部平原生态区	都市区生态建设区	中心城区综合整治及生态城市建设区	石家庄市区、高新技术产业开发区、良村经济开发区	城镇建设	推进城市化，但是要保护耕地，加强绿化带、防护林建设	319
		正定组团综合整治及生态旅游发展区	正定县城、诸福屯镇	文化历史名城保护、生态旅游、生态工业	大力发展第三产业，但是要保护生态环境、保护耕地	32
		鹿泉组团生态建设与修复区	鹿泉区、鹿泉区开发区	城镇建设、生态旅游	大力改造中低产田，推进城镇化建设，发展林业	43
		栾城组团综合整治及生态工业发展区	栾城县、窦妪镇	城镇建设、生态工业	推进工业化发展和城镇化进程	34
		藁城区组团综合整治及生态工业发展区	藁城区、岗上镇、丘头镇	城镇建设、生态工业	推进工业化发展和城镇化进程	43
	城市水资源保障区	南水北调水源管护区	依照《关于划定南水北调中线一期工程总干渠两侧水源保护区工作的通知》（国调办环移〔2006〕34号）执行	水源保护	植树造林，加强绿化设施建设，防治水土流失	251
		滹沱河地下水源管护区	依照《石家庄市市区生活饮用水地下水源保护区污染防治条例》执行	水源保护	植树造林，加强绿化设施建设，防治水土流失	458
		磁河地下水源管护区	依照《石家庄市市区生活饮用水地下水源保护区污染防治条例》执行	水源保护	植树造林，加强绿化设施建设，防治水土流失	122
		沙河地下水源管护区	依照《石家庄市市区生活饮用水地下水源保护区污染防治条例》执行	水源保护	植树造林，加强绿化设施建设，防治水土流失	83
	东部平原生态农业区	北部农业生态区	行唐县部分乡镇、新乐市部分乡镇、灵寿县部分乡镇、正定县部分乡镇、藁城区部分乡镇、无极县部分乡镇	生态农业	严格保护耕地，发展粮棉油生产，培养地力，加强绿化建设	1 834
		南部农业生态区	辛集市部分乡镇、晋州市部分乡镇、藁城区部分乡镇、栾城县部分乡镇、元氏县部分乡镇、鹿泉区部分乡镇、赵县部分乡镇	生态农业	严格保护耕地，发展粮棉油生产，培养地力，加强绿化建设	2 014
		滹沱河综合整治区	滹沱河河道及两侧500 m范围内	防风固沙	大力植树造林，营造防护林，防治水土流失	124
		东南部生态林果业发展区	赵县部分乡镇、晋州市部分乡镇、辛集市部分乡镇	农副业生产	以农业为基础，保护耕地，大力发展林果业	1 607

4. 分区管制

根据各个分区的生态环境现状和主要环境问题，分别确定了生态保护目标，提出了发展方向和管制措施，如表6-9所示。

石家庄市已经进入快速发展时期，正面临着不可多得的发展机遇。一是我国已经进入工业化中期阶段，环渤海区域尤其是京津冀都市圈已成为继珠江三角洲和长江三角洲之后新的经济崛起带。作为该区域的重要城市，石家庄必将迎来加速发展。二是随着石环公路、张石高速公路以及石太、京武铁路客运专线和石家庄机场扩建等重大基础设施的谋划实施，石家庄的区位优势更加突出，对外交通联系更加便利，为城市发展创造了良好环境，开辟了新的空间，为石家庄市在更大范围内优化配置资源并发展外向型经济提供了前所未有的机遇。三是石家庄作为省会和省委、省政府确定的"一线两厢"区域中心城市，经过"十三五"期间的发展，经济实力不断增强，已经为城市快速发展奠定了坚实的基础。在未来十五年的时间内，石家庄将形成以中心城区为核心，以正定、鹿泉、栾城、藁城四区为组团，以绿色隔离空间为保障的"一城、一环、四组团"的都市区布局结构，形成"一核、两区、两轴、四带"的中心城区布局结构。同时，石家庄开展了生态市规划和建设，既符合科学发展、和谐发展的要求，又能保障城市建设的生态安全，实现城市的可持续发展。建设生态市是主动适应经济全球化新形势的必然要求，能充分发挥石家庄资源优势，实施大开放、大发展战略，突破绿色贸易壁垒，提高石家庄市的综合实力和竞争力。按照石家庄市城市总体规划的要求，得到石家庄市土地利用五个重点区域如下：一是中心城区周围城镇密集区，即都市区。以石家庄市为核心，包括正定、鹿泉、栾城、藁城，主要建制镇有丘头镇、铜冶镇、窦妪镇、大河镇、寺家庄镇等。二是晋州-辛集双核城镇密集区。以辛集市和晋州市市区为核心，主要城镇有马于镇、位伯镇、总十庄镇、新城镇、槐树镇等。三是新乐城镇密集区。以新乐市区为核心，主要城镇有邯邰镇、承安铺镇、新城铺镇、增村镇等。四是井陉区和矿区城镇密集区。以井陉区城-矿区为核心，主要包括秀林镇、天长镇、贾庄镇、小作镇等。五是赵县-元氏双核城镇密集区。以赵县和元氏县城为核心，主要城镇有南因镇、宋曹镇、南柏舍镇等。

都市区范围内需要进一步拓展中心城区发展空间，并以中心城区为核心，以栾城、正定、鹿泉、藁城作为外围卫星组团区，形成"一城一环四组团"的城市空间格局。在中心城区与组团之间控制一定范围的农田、林地等绿色空间，保持组团的相对独立，并保护城市的生态环境。通过东西南北向的高速公路、快速路加强相互间的联系，组成一个功能明确、布局合理、联系方便的城市群体。

其他四个城镇密集区应充分发挥各自优势，从地域空间的组织出发，整合区内城镇资源，明确经济发展战略和产业发展目标，引导产业合理布局，实现区内各种用地配置、基础设施建设和产业发展方向提出统一规划指导，提升整体实力，加强吸引和辐射带动作用。

对石家庄市五个重点区域的不同土地资源类型进行生态足迹计算，求取资源承载力、环境容量和生态赤字（盈余），并用表格对比表示（具体的计算方法和各个项目的内涵同"石家庄市资源供给和环境容量分析"部分。）

（1）中心城区周围城镇密集区。以石家庄市为核心，包括正定、鹿泉、栾城、藁城四县市，主要建制镇有丘头镇、铜冶镇、窦妪镇、大河镇、寺家庄镇等。如表6-10所示。

表6-10 中心城区周围城镇密集区生态足迹均衡表

生态足迹需求		生态足迹供给		生态足迹需求与供给之差 /(hm²/人)
土地类型	人均生态足迹 /(hm²/人)	土地类型	人均环境容量 /(hm²/人)	
可耕地	0.612 4	可耕地	0.179 3	0.433 1
牧草地	0.894 2	牧草地	0.000 0	0.894 2
林地	0.018 9	林地	0.011 2	0.007 7
化石能源地	0.184 6	CO_2吸收	0.000 0	0.184 6
建成地	0.003 9	建成地	0.072 9	−0.069 0
水域	0.015 7	水域	0.000 1	0.015 6
人均足迹总需求	1.729 7	总供给面积	0.263 5	
		生物多样性保护12%	0.031 6	
		人均环境容量	0.231 9	
		人均生态赤字		1.497 8

和其他重点区域相比，中心城区是生态赤字较低的区域，该区域耕地资源和牧草地面积相对贫乏，应加强基本农田保护，保护耕地资源，提高可持续发展能力，发展经济的同时注重生态环境保护。

（2）晋州-辛集双核城镇密集区。以辛集市和晋州市市区为核心，主要城镇有马于镇、位伯镇、总十庄镇、新城镇、槐树镇等。如表6-11所示。

表6-11 晋州-辛集双核城镇密集区生态足迹均衡表

生态足迹需求		生态足迹供给		生态足迹需求与供给之差 /(hm²/人)
土地类型	人均生态足迹/(hm²/人)	土地类型	人均环境容量/(hm²/人)	
可耕地	1.228 9	可耕地	0.409 3	0.819 6
牧草地	1.184 6	牧草地	0.000 0	1.184 6
林地	0.393 6	林地	0.031 4	0.362 2
化石能源地	0.196 0	CO_2 吸收	0.000 0	0.196 0
建成地	0.001 7	建成地	0.094 6	-0.092 9
水域	0.005 3	水域	0.000 0	0.005 3
人均足迹总需求	3.010 1	总供给面积	0.535 3	
		生物多样性保护12%	0.064 2	
		人均环境容量	0.471 1	
		人均生态赤字		2.539 0

该区域生态赤字偏高，主要是耕地和牧草地资源的生态容量小，晋州是纺织服装、机械制造等产业基地；辛集是皮革、毛皮、羽绒及其制品业生产基地。两市是石家庄市东部经济中心，在生态环境的保护上要加强管理，充分利用本区区位优势，增加耕地、牧草地的生态容量，减小生态赤字。

（3）新乐城镇密集区。以新乐市区为核心，主要城镇有邯邰镇、承安铺镇、新城铺镇、增村镇等。如表6-12所示。

表6-12　新乐城镇密集区生态足迹均衡表

生态足迹需求		生态足迹供给		生态足迹需求与供给之差 /(hm²/人)
土地类型	人均生态足迹 /(hm²/人)	土地类型	人均环境容量 /(hm²/人)	
可耕地	1.220 0	可耕地	0.299 8	0.920 2
牧草地	1.869 6	牧草地	0.000 0	1.869 6
林地	0.020 9	林地	0.024 9	−0.004 0
化石能源地	0.614 7	CO_2吸收	0.000 0	0.614 7
建成地	0.002 0	建成地	0.077 8	−0.075 9
水域	0.000 8	水域	0.000 0	0.000 8
人均足迹总需求	3.727 8	总供给面积	0.402 5	
		生物多样性保护12%	0.048 3	
		人均环境容量	0.354 2	
		人均生态赤字		3.373 6

新乐市是食品加工、医药制造、机械制造等产业基地，是石家庄市域北部的商品集散地。该区域林地和建成地均有生态盈余，但是耕地和牧草地的生态容量过小，造成该区域较大的生态赤字。牧草地较大生态赤字的出现，主要是由于当地畜牧业生产是通过农业内部结构调整，畜牧产品并不全由草地提供，草地的生态供需比例严重失衡有所失真。

（4）井陉区和矿区城镇密集区。以井陉区城—矿区为核心，主要包括秀林镇、天长镇、贾庄镇、小作镇等。如表6-13所示。

表6-13　井陉区和矿区城镇密集区生态足迹均衡表

生态足迹需求		生态足迹供给		生态足迹需求与供给之差 /(hm²/人)
土地类型	人均生态足迹 /(hm²/人)	土地类型	人均环境容量 /(hm²/人)	
可耕地	0.377 7	可耕地	0.273 5	0.104 3
牧草地	0.694 6	牧草地	0.000 0	0.694 6
林地	0.023 8	林地	0.155 6	−0.131 9

续 表

生态足迹需求		生态足迹供给		生态足迹需求与供给之差 /(hm²/人)
土地类型	人均生态足迹 /(hm²/人)	土地类型	人均环境容量 /(hm²/人)	
化石能源地	3.818 5	CO_2 吸收	0.000 0	3.818 5
建成地	0.005 0	建成地	0.113 2	−0.108 2
水域	0.010 5	水域	0.000 1	0.010 5
人均足迹总需求	4.930 2	总供给面积	0.542 4	
		生物多样性保护12%	0.065 1	
		人均环境容量	0.477 3	
		人均生态赤字		4.452 8

本区域依托丰富的矿产资源，是建材和能源工业的生产基地，因此造成了化石能源地的极大生态赤字。该地区出现了严重的生态问题，但是该问题可以通过本区域的优势得到弥补，井陉地区具有丰富的森林资源，保护现有的森林植被，在此基础上发展旅游业，可提升该区域的可持续发展能力。

（5）赵县－元氏双核城镇密集区。以赵县和元氏县城为核心，主要城镇有南因镇、宋曹镇、南柏舍镇等。如表6-14所示。

表6-14　赵县－元氏双核城镇密集区生态足迹均衡表

生态足迹需求		生态足迹供给		生态足迹需求与供给之差 /(hm²/人)
土地类型	人均生态足迹 /(hm²/人)	土地类型	人均环境容量 /(hm²/人)	
可耕地	1.053 6	可耕地	0.429 0	0.624 6
牧草地	0.918 0	牧草地	0.000 0	0.918 0
林地	0.140 0	林地	0.045 3	0.094 7
化石能源地	0.182 8	CO_2 吸收	0.000 0	0.182 8
建成地	0.000 8	建成地	0.082 0	−0.081 1
水域	0.005 4	水域	0.000 0	0.005 4
人均足迹总需求	2.300 7	总供给面积	0.556 3	

续表

生态足迹需求		生态足迹供给		生态足迹需求与供给之差 /(hm²/人)
土地类型	人均生态足迹 /(hm²/人)	土地类型	人均环境容量 /(hm²/人)	
		生物多样性保护12%	0.066 8	
		人均环境容量	0.489 6	
		人均生态赤字		1.811 1

本区域是发展旅游产业的城市，也是食品、轻工、纺织等产业基地，生态赤字相对偏弱，但是也不能忽视，因为相对于中国整体生态环境来看，其仍然存在很大问题。该区应重点加强的仍然是耕地资源，保护耕地资源，注重耕地种养结合，提高可持续发展能力，发展经济的同时要注重生态环境保护。

通过以上对各区域生态足迹和生态容量的计算可以看出，所有地区都有不同程度的生态赤字，足迹实际上是满足某年内特定区域内人口消费资源所需要的各类土地资源的年再生能力，即足迹值大，说明人类的需求大。各重点区域不同土地资源生态赤字比较如表6-15所示。

表6-15 重点区域不同土地资源人均生态赤字或盈余表

单位：hm²

	A	B	C	D	E	各区域平均
耕地	0.433 1	0.819 6	0.920 2	0.104 3	0.624 6	0.580 4
牧草地	0.894 2	1.184 6	1.869 6	0.694 6	0.918 0	1.112 2
林地	0.007 7	0.362 2	-0.004 0	-0.131 9	0.094 7	0.065 7
化石能源地	0.184 6	0.196 0	0.614 7	3.818 5	0.182 8	0.999 3
建成地	-0.069 0	-0.092 9	-0.075 9	-0.108 2	-0.081 1	-0.085 4
水域	0.015 6	0.005 3	0.000 8	0.010 5	0.005 4	0.007 5
合计	1.497 8	2.539 0	3.373 6	4.452 8	1.811 1	2.734 9

注：①表格中数据为实际需求减去供给能力的差值，"需"是指生态足迹实际需求；"供"是指供给能力，即环境容量。结果为正，表示是赤字，反之，为盈余。②A为中心城区周围城镇密集区；B为晋州－辛集双核城镇密集区；C为新乐城镇密集区；D为井陉区和矿区城镇密集区；E为赵县－元氏双核城镇密集区。

根据以上计算结果可得：

首先，从生态足迹结果看，所有区域均有不同程度的生态赤字出现，说明环境容量达到了极限或超过了极限。

其次，从各类用地看，各区域总体情况如下。

第一，耕地资源、牧草地资源需求较大，说明人们对耕地和牧草地的依赖性较强。随着生活水平的提高，人们的膳食结构发生了变化，对肉禽蛋的需求增多，本地区畜牧业又主要依靠农业结构内部调整，所以要调整好农业和畜牧业的关系，满足人们的需求。

第二，化石能源地的生态赤字在井陉区和矿区城镇密集区显现得额外突出，这主要是由于该区域的产业特色造成的，而且人类本身没有专门留出吸收工业废气的能源用地，我国森林覆盖率远低于世界平均水平，石家庄市尤为突出，所以造成该区域在化石能源地上的极大赤字。

第三，水域、林业用地生态赤字相对较小，而建成地、井陉区和矿区城镇密集区的林业用地的足迹略显盈余。各重点区域应加强建成地和林业用地的合理使用，使其更充分地发挥本身效益。

根据目前的土地资源、消费模式状况，从生态容量和承载力角度，对土地利用提出以下几点建议。

第一，从对耕地资源的需求上看，各个区域都存在不同程度的赤字，而且国家对耕地的政策是耕地资源只能增加不能减少；根据石家庄市实际情况，牧草地资源缺乏是客观存在的一种状况，人们应该协调好畜牧业在产业中的合适比例，确保人们的畜牧产品需求；对于化石能源地，现实情况是人类没有专门留出吸收工业废气的能源用地，林地代替了这一功能，并且在计算过程中，林产品考虑的范围本来就有一定局限性，所以林地面积要保证不减少；建成地是各个区域唯一有盈余的用地，但是随着城市的发展，又离不开建设用地，对于建设用地，目前只能是合理使用，使其发挥最大效用，尽量少占、不占农用地和其他用地；水域用地在石家庄市也受客观影响因素的制约，对水产品的需求主要依靠集约化的人工繁殖，通过资源的利用率来解决水域的供给不足。

第二，从各个重点区域统筹分析看，在中心城区周围城镇密集区和赵县－元氏双核城镇密集区，各土地资源赤字相对较小，可以在区域内部通过集约利用、挖潜，减少部分建设用地以满足其他土地资源需求；晋州－辛集双核城镇密集区和新乐城镇密集区对耕地资源和牧草地资源需求较大，除了自身调节扩

续表

大供应之外，还可以从其他省市调入粮食和畜牧产品以缓解紧张局势；井陉区和矿区城镇密集区主要是化石能源地的赤字问题，可以通过提高该区域林地面积达到缓解能源用地的目的，况且林地面积在该区域有盈余，在保护现有林地资源的情况下，应继续封山育林、人工造林，减少区域生态赤字。

（四）环境友好型的土地利用规划方案

土地利用模式是指特定的地域单元中土地利用的方式。所谓环境友好型土地利用模式，是指针对特定的地域单元，以保护和改善生态环境、节约与集约利用土地及可持续利用土地为原则和目标的土地利用方式。环境友好型土地利用模式既能保证当前经济社会发展的合理土地需求，又能保证经济社会发展所需土地可持续供给、有效保护资源和改善生态环境。根据石家庄市社会经济发展和相关土地利用情况，初步总结和提出以下几种环境友好型土地利用模式。

1. 小流域建设

小流域既是一个水文单元，又是一个生态单元，也可以作为一个经济单元，因此以小流域为基本单元，开展生态环境和特色经济建设，具有快捷高效的特点。建立小流域自然保护与开发区，多措施的资源配置和多项目的生产与经济开发，丰富流域内的多样性和层次性，实现小范围的生态恢复和协调发展，积点成面，可促进石家庄市生态环境的总体恢复。

小流域建设模式主要分为五个部分。

第一，建立适宜当地条件的高标准农田以及地表径流调控相结合的农田水利体系，推广地膜粮食等旱作农业实用技术，建立"两高一优"的农业，实现基本农田的集约化经营。改变传统的广种薄收为少种高产多收，充分发挥径流调控体系的作用，科学修建拦蓄工程，合理调整土地利用结构，加快退耕还林还草的步伐。

第二，工程措施与生物措施相结合的综合治理措施。山、水、田、林、路、渠综合配套，对位配置各项治理措施。在治理模式上，按照梁岗、坡面、阶平地、村庄道路、沟道五个不同类型分别实施相应的治理措施：梁岗以乔灌混交型防护林为主，通过一系列的水土保持工程，拦蓄径流，促进林木生长；坡面建设稳产高产的基本农田和造林种草，在有径流来源的梯田或川台地旁布设集雨节灌工程等拦蓄措施，发展节水补灌，提高单产；阶平地是流域内地势平缓、土质较好、有灌溉条件、侵蚀较轻的地块，治理中先对种植结构进行调整，通过提高复种指数来提高土地利用率，同时在生产上推广科学施肥、合理密植、适时灌水等科学管理技术，提高单位土地生产力；村庄道路附近大力发展雨水集流工程，营造"四旁"防护林和经济园林，有效控制和利用径流；针对沟道侵蚀严重的特点，在支毛沟中成群布防侵蚀工程，并辅以造林种草等植物措施，达到植物护工程、工程养植物的目的，同时在主沟道中布设拦泥淤地坝和治沟骨干工程，栽植深根性树种，稳定坡面，防止滑坡、崩塌等重力侵蚀的发生。通过以上一系列的水土保持综合治理工程逐步形成综合防护体系。

第三，人工治理与生态修复相结合，促进人与自然和谐相处。人工治理与生态修复应坚持因地制宜，分类指导，突出重点。在坡度相对较小、降雨量相对较多及人口相对较少、水土流失相对轻微的区域，主要以生态修复为主，大范围实施封育保护。在坡度相对较大及人口相对较多、水土流失严重的区域，加强人工治理，尤其是侵蚀严重的沟道，建防淤地坝等工程，拦泥淤地，减少泥沙，控制土壤侵蚀。通过人工治理提高土地生产力，改善生产条件，促进生态的改善，提高农业生产水平。在小流域建设中，科学合理地集约、高效利用村庄附近、缓坡、荒地等土地资源，提高土地利用率；而对远山、沟坡和陡坡退耕地，采取人工治理与生态修复相结合的方式，以生态修复为主，恢复植被。

第四，综合治理与综合开发相结合，发展多种经营。治理与开发相结合，大力发展经济林果、规模养殖、农副产品加工等项目，加快柴、草、畜、肥的相互转化，促进种、养、加良性循环，提高物质循环和能量转化率，改善农业生产系统的机能。种植业从养殖业得到优质肥料，提高土壤水分，增加产量，同时种植业的发展为加工业和养殖业提供充足的原料和饲料，提高养殖业的饲养量和商品率，增加农民收入，改变长期以来农业生态系统的恶性循环。

第五，多元化生产要素结合，提高治理效益。按照农业产业化的要求，以科技为先导，以效益为中心，实行多层次多元化生产要素的优化组合，达到布局区域化、经营市场化、服务社会化、管理现代化。改造原有的低标准农田，提高单位面积产量。大力发展径流林业，严格按照造林地径流量的大小，确定整地工程规格标准和造林密度，对位配置树种，解决长期以来造林的"三低"（即成活率低、保存率低、效益低）问题。以上小流域建设步骤的实施将改善农业生产基本条件，并改变土地利用结构，调整农村产业结构，改善生态环境，建设生态经济，加大科技投入的发展途径，实现农业的可持续发展。

1999 年以来，石家庄市坚持以小流域治理为单元，共有 75 条小流域开展了综合治理，其中许亭、元坊、横山岭等 20 条小流域被水利部、财政部命名为全国水土保持"十百千"示范小流域。水土保持生态环境建设取得了巨大成效。20 年来，全市共完成水土流失综合治理面积 2 240 km²，累计新增纯收益 4.5 亿元以上，粮食增产 2.8 倍，治理区人均年纯收入由治理前的 140 元提高到 2 530 元。植被覆盖率显著提高，林草面积占宜林宜草面积的比例由治理前的 32% 提高到 85%，森林覆盖率由治理前的 10% 提高到 31%。土壤侵蚀模数由治理前的每年 822 t/km² 下降为 108 t/km²，减沙效率达 70% 以上，增强了抵御自然灾害的能力。1996 年 8 月上旬，石家庄市太行山区遭受五十年一遇的暴雨袭击，小流域综合治理发挥了巨大作用。未治理区山洪暴发，河水猛涨，山体滑塌，多处发生泥石流，损失惨重，而经过综合治理的小流域，各项治理措施保持完好，梯田保存率 92%，水平沟保存率 94%，谷坊工程保存率 76%，林草植被完好率 95%，抗洪减灾效果显著。

优势分析如下。

第一，调整土地利用结构。随着水土保持综合治理的逐年实施，土地利用率和生产率相应提高，调整土地利用结构，改变过去单一的农业生产形式，形成了科学合理又符合当地实际的土地利用结构。

第二，调整农村产业结构。通过综合治理和综合开发，改善农村产业结构，农、林、牧、副各业产值的比例有所协调，形成了合理的农村产业结构，对加快当地经济的发展，提高粮食产量，增加农民收入，改善农民生活环境，提高农民生活水平有很大帮助。

第三，改善生态环境。通过对大于 25° 的坡耕地退耕还林还草和荒山荒沟整地造林，合理实施治理水土流失工程，增加治理水土流失面积，提高林草覆盖率，起到了水土保持涵养水源的作用。同时，地表植被的增加，对改善流域小气候以及维持生态平衡起到显著的作用，充分显示出水土保持综合治理对改善生态环境增强农业后劲的作用。

第四，建设生态经济。在生产过程和经济活动中坚持保护生态环境，实现生态系统良性循环下的经济发展。合理布局生产力，处理好治理、开发、保护之间的关系，发展生态型的产业化、商品化经济。生态经济的发展以生态综合治理开发为基础，生态的综合治理开发以发展生态经济为目标，既治理水土流失、改善生态环境，又充分合理地利用自然资源，因地制宜地发展种植业、养殖业、加工业。

第五，加大科技投入。在进行水土保持综合治理的同时，提高科技普及率，增加农产品科技含量，建立科技示范点、示范户，培训各类专业技术人员，引进和推广各类高科技农业实用技术，形成一种养加结合、产供销配套的模式。

2. 文明生态村

"文明生态村"既是一种竞争、共生和自生的生存发展机制，也是一种追求时间、空间、数量、结构和秩序持续与和谐的系统功能；既是一种着眼于富裕、健康、文明目标的高效开拓过程，也是一种整体、协调、循环、自主的进化适应能力；既是保护生存环境、保护生产力支持系统的长远战略举措，也是一场旨在发展生产力的技术、体制、文化领域的社会进步过程。在这个过程中，要坚持资源开发与节约利用并举，切实保护和合理使用土地资源、水资源、山体资源，大力推行生产生活消费的循环经济模式，建设"资源节约型社会"，确保自然资源的持续利用。总之，它是一种走向可持续发展的具体行动。石家庄市的"文明生态村"是根据具体情况，按照生产发展、生活富裕、乡风文明、村容整洁、管理民主的要求积极开展的。应搞好村庄规划，加强农村水利、电力、通信等基础设施建设，切实解决农村饮水安全问题，大力开展植树造林活动，提高绿化、美化水平。积极预防和治理农村面源污染，加强土壤污染和养殖污染治理，减少垃圾和废弃物的排放。实现村村通油路，推进农村客运网络建设。加快发展农村社会事业，促进农村物质文明、政治文明、精神文明协调发展，建成环省会文明生态圈。健全乡村民主管理制度，提高村民自治水平，完善民主选举、民主决策、民主管理、民主监督制度。强化政府对农村的公共服务职能，建立健全政府带动、社会力量广泛参与的投资建设机制。积极倡导文明生活方式，引导农民弘扬自力更生、艰苦奋斗的创业精神，建设自己的美好家园。

第一，在科学的规划指导下调整村庄布局，解决"空心村"的问题。村庄规划要适合现代城乡一体化的需要，体现协调、特色和效益的原则。不能封闭地搞单个村庄的建设规划，而要在整个村镇体系中加以定位，形成丰富多彩而又相互协调的村镇面貌，使农村主动走向城镇化，实现农民转变为市民、新型农民。

第二，发展生态农业，注重绿色农产品生产。尤其要注意将农业生产在村庄范围内进行功能分区，将大田与庭院、种植和养殖、生产和生活有机结合起来，形成封闭循环的物流渠道。根据市场需求开发具有地方特色的农产品，创建无公害农产品基地,防治生产环节中的污染。

第三,实行农村能源改造,开发利用替代性能源。多数农村尤其是不发达农村长期以来在能源使用上仍以林木、柴草和秸秆等生物质能源为主,大量生物质被作为燃料在低效率的炉灶中直接燃烧掉,土壤养分不能还田,有机质含量降低,土地贫瘠化严重。应通过节能技术、太阳能利用技术、沼气发酵综合利用技术等措施,推广以沼气技术为核心的能源替代战略,替代薪柴、煤、石油、生物质能,发展小水电、小风电和小太阳能发电,提高能量的使用效率,建设温暖清洁的家居环境,降低农民生活中的生物质能消耗水平。

第四,开展乡村环境整治建设。以改水、改路、改厕和村庄绿化为主线,彻底解决脏乱差现象。创建工作的重点是优化生态环境,改善人居条件。要以整修道路为突破口,实现道路的硬化、绿化、净化、亮化,为改变村容村貌打下基础,以此带动治理"五乱"、改水、改厕、绿化村庄等工作的展开。

建设文明生态村,客观上需要占用一部分土地,但农村人多地少的矛盾突出,必须坚持合理利用土地的原则,制定与文明生态村建设有关的土地政策。不仅要严格规范用地审批制度,对建设用地采用统一规划、统一管理的办法,还要处理好农民承包地、自留地的问题。可以试行按级差收益折成一定比例入股合作的方式参与经济行为运作,农户的承包地可在自愿条件下相对集中,以利于农业生产的适度规模形成。要合理调整公益设施建设用地,鼓励农民投工投劳,采用以地换地的办法来降低文明生态村建设的启动成本。

优势分析如下:"文明生态村"在农业生产上既能形成大规模生产,又能延长二、三产业链;既能创出名牌产品,又能提高市场竞争力;既能实现农业现代化,又能使光热水土资源发挥更大效益。创建文明生态村既能推进农村物质文明、政治文明、精神文明和生态文明协调发展,又能调整农业结构,发展设施农业、特色农业、无公害农业和生态农业;既能解决农村道路硬化和"五乱"陋习,又能实现农村美化、绿化、净化和沼气化的生态环境;既能体现与城市园林型、生态型、现代化的定位衔接,保证人与自然的和谐,又能使农业生产得到可持续发展。

总之,在创建文明生态村的过程中,优化了当地农村的土地利用结构,减少了宅基地面积,提高了农村集体建设用地容积率,形成了经济发展、民主健全、精神充实、环境良好、规划合理、秩序井然、人民安居乐业的和谐小城镇。

3.庭院生态农业模式

庭院生态农业模式是指利用农村庭院这一特殊生态环境和独特的资源条件，建立高效农业生态系统，以种植业、养殖业为突破口，辅之以加工业，通过立体经营的种植业、链式循环的养殖业和劳动密集的加工业进行综合开发，多次增值，独立形成一个无废弃物的循环式结构，并用现代技术手段经营管理生产，以获得经济、生态和社会效益的协调统一。例如，北方"四位一体"生态农业模式是以土地资源为基础，以太阳能为动力，以沼气为纽带，在农户庭院或田园，将日光温室—畜禽舍—沼气池—厕所有机结合在一起，使四者相互依存、优势互补，构成"四位一体"能源生态综合利用体系，从而在同一块土地上，实现产气和产肥同步、种植和养殖并举、能流和物流良性循环，成为庭院经济与生态农业相结合的一种高产、优质、高效农业生产模式。该模式主要以太阳能保温畜禽舍和厕所以及畜禽舍下部建设的沼气池，利用塑料薄膜的透光和阻散性能及复合保温墙体结构，将日光能转化为热能，阻止热量及水分的散发，达到增温、保温的目的，使冬季日光温室内温度保持在 10 ℃以上，从而解决反季节果蔬生产、畜禽和沼气池安全越冬问题。温室内饲养的畜禽可以为日光温室增温，并为农作物提供二氧化碳气肥；农作物光合作用能增加畜禽舍内的氧气含量，沼气池将人畜禽粪便进行厌氧发酵产生沼气、沼液、沼渣，可用于农业生产和农民生活，从而达到环境改善、能源利用、促进生产、提高生活水平的目的。又如，南方"三位一体"生态农业模式是以农户庭园为基本单元，利用房前屋后的山地、水面、庭院等场地，主要建设畜禽舍、沼气池、果园三部分，同时使沼气池建设与畜禽舍和厕所三者结合，形成养殖—沼气—种植三位一体的庭院经济格局，达到生态良性循环、增加农民收入的目的。该模式的基本运作方式如下：沼气用于农户日常炊事和照明，沼肥用于果树，沼液用于鱼塘和饲料添加剂喂养育肥猪，果园套种蔬菜和饲料作物，满足庭园畜禽养殖饲料要求。该模式结合南方特点，除与果业结合外，还与粮食、蔬菜等其他经济作物相结合，构成了猪－沼－果，猪－沼－菜，猪－沼－鱼，猪－沼－稻等衍生模式。

在石家庄市农村中发展庭院经济是很必要的，根据石家庄市气候条件以及土地利用状况等其他因素的分析，认为石家庄市庭院生态农业模式的特点是农户以自己的庭院为场地，以庭院经济为主，把居住环境和生产环境有机地结合起来，提高土地空间利用率，形成土地空间立体充分利用，通过不同模式的庭院经济提高了农民收入,改善了农民的生态环境质量,并为发展观光农业打下了良好的基础,可以以此为契机大力发展旅游业,带动农村经济及其他行业的发展。主要运用北方"四位一体"生态农业模式来发展庭院经济。以高邑县为例,该县共有农户4.8万户,庭院总面积约5 832亩,其中可利用面积4 500亩,目前已开发3 034亩。去年,该县庭院经济户均纯收入1 715元,占家庭经营纯收入的19.5%。其中,收入最高的中韩村庭院经济年户均总收入已达到5 500元,庭院经济已成为当地农村经济的重要组成部分。

优势分析如下:庭院经济除了有其自身固有的特点,如灵活多变的生产方式,具有较强的适应性,投资小、风险低、收益可观,为农村提供新能源,改善农民居住生态环境等特点之外,还有许多其他优势。例如:高效利用能源,充分利用太阳能,猪(禽)舍覆盖薄膜,阳光充足,温度适宜,使动物防寒所消耗的能量转化成生长能;保证沼气池安全越冬,能常年产气;高效利用土地资源,以庭院为基础,进行集约化商品生产,充分利用地下、地上空间发展;高效利用劳动力及时空资源,以庭院为基地建设温室,冬季增加一季生产,充分利用空间时间及家庭劳动力。高效的资源利用能产生可观的经济、社会及生态效益,因条件适宜,可缩短周期,提高饲料利用率。沼气发酵能产生优质能源,同时节电、节煤,降低生产成本;气体效应及沼渣、沼液、禽畜粪便提供的优质肥料还可减少化肥的使用,在改良土壤结构的同时降低农作物生产的成本,提高农作物的产量和质量。庭院经济可因地制宜地发挥人的主观能动性,使通过绿色植物的初级生产所获得的生物能得到多次循环利用,从而提高农业生态经济效益。

4. 绿色通道绿化景观规划模式

绿色通道绿化景观规划模式是指在铁路、公路、道路两侧绿化以及河岸、海岸绿化,使道路在满足交通功能需要的同时,用生态景观构筑起一条美丽的风景线。该模式因不同路段的气候、土壤条件等情况各不相同,实行分段、分立地类型进行设计,严格按照适地适树的原则,选择适宜的树种和地被植物,具体设计中应重点考虑选择抗性强的乡土树种。石家庄市是我国重要的交通枢纽,因地制宜、适地适树,开展公路绿化建设非常重要。其绿色通道模式设计方式如下。

第一,道路沿线行道树绿化设计。对于事关城市形象的绿色通道的形象路段,要注重行道树的选择应用,所有宜栽行道树的地方,根据宽度种植一排或多排行道树，常绿树和落叶树合理搭配，选择主干端直、管理粗放、病虫害少，对烟尘、风害等抗逆性强的深根性树种。建立乔、灌、草结合营建多种树、多结构、多功能的复层生态景观群落。

第二，中央分隔带的绿化设计。中央分隔带的宽度设计根据实际路面宽度而定，一般为1m左右，土壤厚度要求达到60 cm以上，中间采用单行栽植，并选用低矮的花灌木或球形柏类，如榆叶梅、紫叶李等作主景，辅植草本进行绿化。

第三，河岸的绿化设计。岩石型边坡可采用垂直绿化形式，利用爬墙虎、葛藤等藤本植物，进行边坡绿化，以达到视觉上软化边坡的目的；另一类是沙土型边坡，主要目的是固土护坡，在边坡稳定的前提下可用机械喷播草籽种植，在一些有特殊景观用途的边坡可以草坪为底色，用花灌木或硬质材料造景，形成具有地方特色的绿化景观。

近年来，石家庄市随着北京—石家庄、石家庄—太原、石家庄—安阳高速公路、石家庄—黄骅高速公路等的建成通车，形成了四通八达的公路网。石家庄市河流众多，主要河流有滹沱河、磁河、大沙河、洨河、槐河等。石家庄市对道路两侧、河岸周边的绿化建设加大了力度，实施绿色通道模式建设将会全面提升全市形象。该模式的土地利用优势如下：提高土地利用率，充分利用道路、河岸等两侧的土地资源；可以增加绿地面积，植物充分吸收粉尘、有害尾气，改善道路生态环境，给人以美的感受；根据绿色通道的功能和绿色景观要求，将公路与其所处周围环境作为一个景观整体考虑，统一规划，合理布局，能够创造一个个有特色、有时代感的道路环境。

（五）生态改善目标及生态建设用地安排

1. 土地生态建设原则

（1）以人为本、全面和谐原则。生态建设必须以建设社会主义和谐社会为基本出发点，以人为本，使人与人、人与生物、生物与生物、人与环境、生物与环境、社会经济发展需要与资源供求等各方面协调一致。

（2）土地生态适宜性原则。生态建设中，应根据土地的自然属性，充分考虑土地生态系统固有的生态条件对各类土地利用的适宜性。

（3）可持续原则。生态建设必须以可持续发展为基础，立足于土地资源的可持续利用，充分协调生态建设、社会经济发展和土地利用之间的关系，兼顾生态、社会和经济效益，力争使综合效益最大化。

（4）维护土地生态系统异质性和生物多样性原则。土地生态系统中，农田生态系、林灌草生态系和城镇村生态系等子生态系统在时间和空间上总是不均匀分布的，我们称之为土地生态系统的异质性。维护土地生态系统的异质性，有利于维护土地生态系统生物的多样性。

（5）因地制宜原则。土地生态系统不同区域内的生态环境要素（如地质、地貌、土壤、水文等）存在一定差异性，土地生态系统在空间上有严格的地域分异性。因此，生态建设应立足差异，因地制宜，确定符合当地实际的生态建设方向。

2. 生态改善目标

（1）生态建设总体目标。通过十几年的不懈努力，推进可持续发展战略，打造石家庄在京津冀都市圈的重要中心城市地位，合理调整和控制城市空间布局，保持和发扬城市特色，优化产业结构，营造和谐的城市生态系统，提高城市文明程度和人口素质。2020年，石家庄市基本形成了以高新技术、清洁生产、循环经济为主导的生态产业体系；合理配置、高效利用的资源保障体系；拥有干净的水、清洁的空气和秀美景色的生态环境体系；以人为本、人与自然、人与社会和谐的生态人居体系；先进文明的生态文化体系。

（2）阶段性建设目标。为与石家庄市国民经济和社会发展阶段目标相衔接，石家庄市重点发展生态市的建设。生态市建设需与全面建设小康社会、提前基本实现现代化战略步骤相衔接，突出重点，分步推进。

① 启动期（2020—2025年）——宣传启动和重点推进阶段。生态市建设全面启动。用大约5年时间集中解决石家庄市经济结构优化、产业生态转型和布局调整问题，循环经济逐步推进；生态示范区和示范工程建设取得成效，生态效益型产业成为新的经济增长点；环境保护和污染综合治理工作得到加强，生态环境基础设施建设和生态示范区建设全面展开，局部地区生态环境恶化趋势得到有效遏制，环境质量得到一定改善；城市交通、文化等基础设施和市政服务设施逐步完善，人居环境质量明显优化，初步形成具有北方特色的城市生态景观格局；生态文化建设初见成效，人们的生态素养和意识逐步提高；生态市的管理系统建设全面开展，适应市场经济体制的环境保护政策、法规和管理体系基本建立，经济总量、综合实力和人民生活水平跃上一个新台阶，呈现经济社会与资源环境协调发展的全新局面，石家庄市中心城区达到省级环保模范城验收标准，部分县（市、区）建成生态县（市、区）。

②发展期（2026—2030年）——全面建设和加快发展阶段。生态市建设快速推进。在此期间，要全面实施生态市建设规划，规划范围内的18个县（市、区），即井陉矿区、辛集市、晋州市、藁城区、新乐市、鹿泉区、正定县、深泽县、无极县、赵县、栾城区、高邑县、元氏县、赞皇县、井陉县、平山县、灵寿县、行唐县全部完成生态县（市、区）的建设，并使石家庄市中心城区达到国家级环保模范城验收标准。在完成生态市第一阶段各项任务的基础上，全面实施生态市建设规划。使城市生态质量、人居环境质量大幅度提高，市民创业发展和生活居住的适宜度不断提高。基本建立起完善的空气、饮用水和食物安全保障体系，城乡人居环境显著改善，产业和经济结构趋于合理，经济社会整体实力明显提升，步入良性循环的快车道。

生态市建设走上健康发展的轨道。各种污染源得到全面控制和治理，整体生态环境质量得到明显改善，社会事业全面实现进步。到2030年，全市生态环境质量良好，自然资源得到有效保护和合理利用；稳定可靠的生态安全保障体系基本形成；环境保护法律、法规、制度健全完善；以循环经济为核心的生态经济加速发展；生态环境和谐优美，生态文化长足发展，人民生活水平全面提高。

③深化期（2031-2035年）——全面达标与完善提高阶段。生态市建设主要任务目标基本实现。全市各项指标达到生态市验收标准。全市基本形成可持续发展的经济增长方式，经济社会与人口、资源、环境协调发展，具备完善的市政环境基础设施和污染预防控制系统，生态环境质量进一步得到提高，生态经济建设进一步深化，资源的高效利用和循环利用体系得到建立。城市生态廊道和绿化网络发挥着巨大的生态服务功能，人的素质得到全面提升，生态观念得到广泛普及，生产、生活、消费、人居的全面生态化初步实现；城乡生产、生活、流通的一体化网络形成。到2035年，具备发达的现代产业体系，高度国际化的开发格局，生态型现代化城市基本建成，为基本实现现代化奠定坚实的基础。

石家庄市生态建设指标体系、规划目标值如表6-16所示。

表6-16 石家庄市生态建设指标体系、规划目标值

指标类别	序号	指标名称		单位	2025年目标值	2030年目标值	2035年目标值	生态市建设验收指标
经济发展	1	人均国内生产总值		元/人				≥33 000
	2	年人均财政收入		元/人				≥5 000
	3	农民年人均纯收入		元/人				≥8 000
	4	城镇居民年人均可支配收入		元/人				≥18 000
	5	第三产业占GDP比例		%				≥45
	6	单位GDP能耗		吨标准煤/万元	1.1			≤1.4
	7	单位GDP水耗		m³/万元	120			≤150
	8	应当实施清洁生产企业的比例 规模化企业通过ISO14000环境管理系列标准认证比率		%	100 —			100 ≥20
环境保护	9	森林覆盖率	山区	%	39.5	45	50	≥70
			丘陵区	%	27.1	30	35	≥40
			平原区	%	21.0	22	23	≥15
	10	受保护地区占国土面积比例		%	15	17	20	≥17
	11	退化土地恢复率		%	78	89	100	≥90
	12	城市空气质量		好于或等于2级标准的天数/年	300	310		≥280
	13	城市水功能区水质达标率		%	100	100	100	100，且城市无超4类水体
	14	主要污染物排放强度	二氧化硫	kg/万元（GDP）	4.1			<5.0
			COD		4.5			<5.0 不超过国家主要污染物排放总量控制指标
	15	集中式饮用水源水质达标率		%	100	100	100	100
		城镇生活污水集中处理率		%	55	73	87	≥70
		工业用水重复率		%	86	88	89	≥50
	16	噪声达标区覆盖率		%	82.4			≥95
	17	城镇生活垃圾无害化处理率		%	100	100	100	100
		工业固体废物处置利用率		%		100		≥80 无危险废物排放
	18	城镇人均公共绿地面积		m²/人	11.29	12.3	13.11	≥11
	19	旅游区环境达标率		%	100	100	100	100
	20	工业企业污染物排放稳定达标率		%	100	100	100	100
	21	机动车环保定期检测率		%				≥80

续 表

指标类别	序号	指标名称	单位	2025年目标值	2030年目标值	2035年目标值	生态市建设验收指标
社会进步	22	城市生命线系统完好率	%				≥80
	23	城市化水平	%	50	51	63	≥55
	24	城市气化率	%	100	100	100	≥90
	25	城市集中供热率	%	85	87	90	≥50
	26	清洁能源使用率	%				≥50
	27	恩格尔系数	%				<40
	28	基尼系数					0.3～0.4
	29	高等教育入学率	%	25			≥30
	30	环境保护宣传教育普及率	%	88	90	95	>85
	31	公众对环境的满意率	%				>90

3. 生态建设用地安排

根据自然地理、地貌和气候、水源，以及社会活动的基础与发展需求，适时调整土地利用结构。保持建设用地（包括城镇、居民点、工矿、交通设施等）、耕地和生态用地（主要包括山林、草地、河流、湖库湿地、荒地及其他未利用或未充分利用的土地）的适宜的数量比例和空间结构，以有利于保持良好的生态安全空间格局、保障城市的可持续发展。为促进城市环境的改善，以新城区建设和铁路客运站搬迁为契机，加快绿化建设，到 2025 年绿地应达到 1 665 hm²，人均绿地面积达到 7 m²，增加城市公共绿地面积是近期城市建设的重点。全面展开滹沱河生态整治工程。近期主要沿南北两岸营造宽 500 m 防护林带；完成汊河两侧区域共计 4.58 km² 的公园带的综合整治，进行山水骨架构建、绿化建设。与滹沱河河床生态恢复带形成以防风固沙、涵养水源、恢复生态环境为目的的绿色生态防护骨架；结合汊河整治改造，在满足防洪的前提下，建设具有郊野、游憩功能的生态绿地。

4. 政策保障

（1）搞好土地生态建设工程的科学规划。土地生态建设的总目标是保护生态环境，维护生态平衡，实现国土综合整治，促进持续发展，参与全球生态环境保护。土地生态建设的布局和规划必须建立在对区域有关生态和经济方面众多因素进行综合生态经济评价的基础上。在具体工作中，首先，依据石家庄市的实际情况，确定建设的总体规模、具体类型和空间格局；其次，根据地区的条件因地制宜，形成区域最佳用地结构格局。

（2）建立有效的监管体系。加快政府职能转变和管理体制创新，制定和完善土地利用与保护相关的法规和规章；打破地域界限，建立各区之间的生态建设和环境保护合作框架及环境违法行为的联防机制；建立健全环境与发展综合决策和协调管理机制，在制定国民经济和社会发展中长期规划、产业结构调整和生产力布局规划、区域开发计划时，都要以土地利用生态适宜区为基础，充分考虑生态环境的承载力和建设要求，进行必要的环境评估；建立健全环境与发展决策科学咨询制度、重大决策部门联合会审制度，把相关领域的专家决策作为完善政府、部门决策治理支撑体系的重要内容。

（3）强化组织领导。土地利用与生态环境保护是一项跨区、跨部门、跨行业的综合性工程，必须切实加强领导，各级政府有关部门要各司其职、密切配合、齐心协力，共同推进生态保护与生态建设用地保护工作。国土资源要与环保、农业、林业、水利和建设部门共同协作，加强各土地利用生态适宜区内土地资源开发的规划和管理，做好生态环境保护与恢复治理工作。在确定生态建设重点用地与重点工程项目的基础上，政府要结合石家庄市的实际情况进行生态建设，形成配套的生态用地保护监管体系。同时，要明确土地开发利用单位、法人的生态环境保护责任，实行严格的考核、奖励制度。

（4）提高监管手段技术水平。技术水平建设应加强理论研究、人力资源培训和信息化建设，同时应用遥感技术（RS）、地理信息系统（GIS）和全球定位系统（GPS）等技术，进一步摸清石家庄市土地利用总体规划执行情况和土地利用分区土地资源开发利用状况，可以建立地方土地资源管理信息库，对国土资源进行监督管理，建立生态环境监测系统，提高环境污染检测的准确性和时效性，整合环保、农业、土地、林业、水利等行业的监测网络，实现信息资源共享。

（5）进行制度创新，缓解用地矛盾。实施土地用途管制制度，严格执行建设用地的环境影响评价，完善审批制度、土地有偿使用制度和土地产权制度，开展对用地效率和效果的监督检查，保证土地的合理、有偿使用，提高土地资源的利用效率。在制度创新方面，石家庄市可以出台具体政策措施，鼓励、支持各类企业节约与集约利用土地，带动企业的产业结构升级。同时，实施产业导向评估制度。为了节约有限的土地资源，提升土地的利用价值，建立新型工业园区，对有意进入工业区的项目进行包括产业导向、环境保护、土地销售产出率、吸纳本地就业率等指标在内的经济社会效益综合评估，不达标者不接纳入区，以提升工业区等级。

（6）建立合理的生态补偿办法。根据国家有关法规政策精神，按照"商品有价，服务收费"和"谁受益，谁负担"的原则，有关部门应共同制定一个生态补偿办法，并尽快实施。应该认识到生态补偿费属于生态服务收费，而不是一种行政收费。征收生态补偿费的范围主要是由于开发建设使森林和农田遭到破坏，生态效益丧失的开矿、采油等，征收费用于恢复植被、补充耕地，补偿生态效益损失。征收办法可采取在利用土地生态效益从事生产经营活动的单位的现收费基础上附加，也可与经营单位对现收费比例分成或每年划出一定数额，还可采用如税收或国民收入再分配等其他一些适合石家庄市情况的行之有效的办法。

附录

2010—2018年河北省土地生态安全评价综合值（λ值）如表附录-1～表附录-11所示：

表附录-1　2010—2018年石家庄市土地生态安全评价综合值（λ值）

县（市、区）	2010	2012	2014	2016	2018
长安区	0.375	0.378	0.372	0.425	0.685
桥西区	0.327	0.312	0.363	0.402	0.611
新华区	0.304	0.331	0.374	0.433	0.689
井陉区	0.231	0.277	0.343	0.376	0.398
裕华区	0.322	0.376	0.389	0.446	0.701
藁城区	0.311	0.324	0.389	0.472	0.569
鹿泉区	0.433	0.420	0.531	0.698	0.745
栾城区	0.412	0.407	0.534	0.614	0.701
辛集市	0.430	0.489	0.435	0.522	0.574
晋州市	0.448	0.426	0.501	0.563	0.579
新乐市	0.413	0.431	0.479	0.512	0.545
井陉县	0.231	0.277	0.343	0.376	0.398
正定县	0.435	0.431	0.546	0.627	0.741

续 表

县（市、区）	2010	2012	2014	2016	2018
行唐县	0.376	0.351	0.389	0.468	0.597
灵寿县	0.326	0.345	0.379	0.399	0.501
高邑县	0.346	0.387	0.396	0.459	0.526
深泽县	0.333	0.341	0.388	0.389	0.498
赞皇县	0.338	0.356	0.367	0.475	0.526
无极县	0.289	0.361	0.374	0.485	0.526
平山县	0.476	0.439	0.564	0.643	0.717
元氏县	0.344	0.322	0.360	0.467	0.498
赵县	0.365	0.342	0.379	0.461	0.572

表附录-2　2010—2018年唐山市土地生态安全评价综合值（λ值）

县（市、区）	2010	2012	2014	2016	2018
路南区	0.674	0.643	0.689	0.768	0.821
路北区	0.656	0.645	0.687	0.735	0.813
古冶区	0.496	0.482	0.574	0.698	0.724
开平区	0.501	0.478	0.569	0.682	0.699
丰南区	0.433	0.467	0.574	0.675	0.689
丰润区	0.501	0.490	0.568	0.642	0.701
曹妃甸	0.509	0.542	0.674	0.769	0.824
遵化市	0.642	0.631	0.769	0.815	0.855
迁安市	0.645	0.676	0.756	0.824	0.868
滦州市	0.687	0.666	0.698	0.745	0.814
滦南县	0.689	0.721	0.744	0.826	0.879
乐亭县	0.465	0.521	0.536	0.549	0.678
迁西县	0.625	0.674	0.768	0.846	0.886
玉田县	0.468	0.499	0.584	0.645	0.698

表附录-3　2010—2018年秦皇岛市土地生态安全评价综合值（λ值）

县（市、区）	2010	2012	2014	2016	2018
海港区	0.723	0.745	0.766	0.846	0.873
山海关	0.749	0.769	0.779	0.799	0.856
北戴河	0.846	0.837	0.898	0.924	0.935
抚宁区	0.831	0.874	0.868	0.798	0.912
昌黎县	0.842	0.811	0.865	0.903	0.946
卢龙县	0.927	0.914	0.935	0.937	0.943
青龙县	0.911	0.924	0.925	0.931	0.936

表附录-4　2010—2018年邯郸市土地生态安全评价综合值（λ值）

县（市、区）	2010	2012	2014	2016	2018
邯山区	0.565	0.542	0.574	0.649	0.746
丛台区	0.544	0.560	0.650	0.768	0.776
复兴区	0.495	0.506	0.589	0.645	0.701
峰峰区	0.389	0.367	0.474	0.526	0.535
肥乡区	0.468	0.444	0.546	0.627	0.674
永年区	0.456	0.421	0.546	0.674	0.689
武安市	0.426	0.429	0.498	0.549	0.677
临漳县	0.465	0.476	0.568	0.697	0.705
成安县	0.444	0.420	0.560	0.670	0.701
大名县	0.468	0.421	0.524	0.567	0.689
涉县	0.444	0.411	0.561	0.628	0.712
磁县	0.496	0.501	0.542	0.647	0.655
邱县	0.442	0.489	0.481	0.535	0.675
鸡泽县	0.477	0.522	0.565	0.650	0.667
广平县	0.365	0.332	0.368	0.469	0.498

续 表

县（市、区）	2010	2012	2014	2016	2018
馆陶县	0.331	0.354	0.387	0.444	0.493
魏县	0.462	0.415	0.507	0.624	0.679
曲周县	0.466	0.421	0.572	0.646	0.698

表附录-5　2010—2018年邢台市土地生态安全评价综合值（λ值）

县（市、区）	2010	2012	2014	2016	2018
桥东区	0.501	0.498	0.524	0.555	0.679
桥西区	0.397	0.359	0.399	0.495	0.574
南宫市	0.323	0.314	0.359	0.476	0.526
沙河市	0.479	0.465	0.482	0.565	0.654
邢台县	0.477	0.420	0.532	0.647	0.688
临城县	0.456	0.417	0.549	0.643	0.679
内丘县	0.689	0.654	0.701	0.765	0.824
柏乡县	0.324	0.345	0.368	0.469	0.499
隆尧县	0.354	0.361	0.367	0.481	0.497
任县	0.468	0.487	0.529	0.645	0.688
南和县	0.346	0.326	0.389	0.487	0.498
宁晋县	0.386	0.364	0.397	0.496	0.524
巨鹿县	0.476	0.462	0.526	0.647	0.687
新河县	0.443	0.412	0.509	0.611	0.672
广宗县	0.463	0.411	0.498	0.532	0.627
平乡县	0.498	0.456	0.529	0.643	0.701
威县	0.424	0.440	0.512	0.525	0.649
清河县	0.478	0.511	0.526	0.669	0.711
临西县	0.455	0.421	0.569	0.632	0.699

表附录-6 2010—2018年保定市土地生态安全评价综合值（λ值）

县（市、区）	2010	2012	2014	2016	2018
竞秀区	0.521	0.509	0.574	0.589	0.701
莲池区	0.565	0.543	0.598	0.674	0.742
满城区	0.365	0.374	0.396	0.498	0.579
清苑区	0.421	0.404	0.565	0.609	0.678
徐水区	0.311	0.345	0.376	0.388	0.498
涿州市	0.356	0.346	0.389	0.456	0.521
定州市	0.344	0.333	0.380	0.390	0.488
安国市	0.311	0.309	0.356	0.495	0.511
高碑店	0.344	0.361	0.355	0.476	0.504
涞水县	0.453	0.413	0.546	0.648	0.698
阜平县	0.521	0.535	0.567	0.674	0.756
定兴县	0.468	0.521	0.536	0.578	0.619
唐县	0.461	0.476	0.591	0.674	0.720
高阳县	0.487	0.532	0.564	0.666	0.741
容城县	0.464	0.421	0.496	0.508	0.688
涞源县	0.521	0.502	0.645	0.722	0.769
望都县	0.365	0.398	0.389	0.476	0.520
安新县	0.465	0.428	0.546	0.587	0.656
易县	0.501	0.468	0.526	0.641	0.679
曲阳县	0.365	0.354	0.398	0.476	0.589
蠡县	0.421	0.443	0.524	0.601	0.679
顺平县	0.488	0.523	0.546	0.648	0.715
博野县	0.472	0.417	0.568	0.674	0.721
雄县	0.439	0.468	0.544	0.677	0.723

表附录-7 2010—2018年张家口市土地生态安全评价综合值（λ值）

县（市、区）	2010	2012	2014	2016	2018
桥东区	0.689	0.698	0.724	0.845	0.868
桥西区	0.666	0.649	0.745	0.598	0.888
宣化区	0.745	0.721	0.779	0.842	0.864
下花园	0.689	0.711	0.724	0.599	0.827
万全区	0.654	0.623	0.754	0.821	0.845
崇礼区	0.689	0.756	0.789	0.912	0.931
张北县	0.865	0.801	0.868	0.894	0.911
康保县	0.866	0.895	0.894	0.914	0.946
沽源县	0.842	0.831	0.877	0.898	0.925
尚义县	0.875	0.846	0.888	0.924	0.956
蔚　县	0.921	0.903	0.936	0.945	0.957
阳原县	0.869	0.852	0.864	0.913	0.943
怀安县	0.931	0.912	0.946	0.975	0.978
怀来县	0.845	0.869	0.898	0.922	0.930
涿鹿县	0.921	0.910	0.943	0.965	0.974
赤城县	0.876	0.881	0.892	0.921	0.943

表附录-8 2010—2018年承德市土地生态安全评价综合值（λ值）

县（市、区）	2010	2012	2014	2016	2018
双桥区	0.820	0.851	0.864	0.877	0.898
双滦区	0.586	0.584	0.592	0.597	0.724
营子区	0.376	0.385	0.398	0.526	0.720
平泉市	0.745	0.733	0.746	0.845	0.869
承德县	0.744	0.766	0.787	0.796	0.865
兴隆县	0.902	0.931	0.946	0.975	0.976
滦平县	0.745	0.721	0.789	0.846	0.898

续 表

县（市、区）	2010	2012	2014	2016	2018
隆化县	0.724	0.756	0.768	0.834	0.886
丰宁县	0.843	0.865	0.898	0.924	0.936
宽城县	0.833	0.864	0.887	0.910	0.935
围场县	0.924	0.956	0.978	0.985	0.988

表附录-9　2010—2018年沧州市土地生态安全评价综合值（λ值）

县（市、区）	2010	2012	2014	2016	2018
新华区	0.468	0.476	0.526	0.643	0.685
运河区	0.376	0.321	0.359	0.476	0.520
泊头市	0.356	0.341	0.389	0.497	0.501
任丘市	0.333	0.360	0.389	0.467	0.488
黄骅市	0.465	0.489	0.502	0.611	0.637
河间市	0.327	0.339	0.386	0.459	0.498
沧县	0.363	0.311	0.386	0.456	0.479
青县	0.341	0.307	0.385	0.476	0.507
东光县	0.344	0.361	0.372	0.477	0.498
海兴县	0.346	0.322	0.346	0.376	0.399
盐山县	0.333	0.343	0.356	0.369	0.394
肃宁县	0.311	0.324	0.355	0.376	0.486
南皮县	0.344	0.361	0.389	0.468	0.511
吴桥县	0.326	0.351	0.368	0.429	0.488
献县	0.344	0.321	0.365	0.426	0.469
孟村县	0.322	0.333	0.356	0.368	0.399

表附录-10　2010—2018年廊坊市土地生态安全评价综合值（λ值）

县（市、区）	2010	2012	2014	2016	2018
安次区	0.465	0.432	0.498	0.611	0.685
广阳区	0.346	0.321	0.398	0.465	0.502
霸州市	0.289	0.307	0.356	0.378	0.398
三河市	0.426	0.435	0.524	0.641	0.653
固安县	0.436	0.475	0.489	0.564	0.675
永清县	0.326	0.356	0.378	0.389	0.397
香河县	0.456	0.423	0.549	0.654	0.687
大城县	0.326	0.368	0.374	0.388	0.395
文安县	0.456	0.439	0.548	0.649	0.701
大厂县	0.411	0.427	0.538	0.674	0.689

表附录-11　2010—2018年衡水市土地生态安全评价综合值（λ值）

县（市、区）	2010	2012	2014	2016	2018
桃城区	0.345	0.312	0.379	0.486	0.498
冀州区	0.311	0.321	0.349	0.453	0.479
深州市	0.309	0.345	0.361	0.379	0.398
枣强县	0.324	0.319	0.347	0.421	0.498
武邑县	0.356	0.358	0.386	0.462	0.487
武强县	0.345	0.325	0.368	0.379	0.389
饶阳县	0.321	0.302	0.358	0.369	0.397
安平县	0.346	0.358	0.397	0.426	0.489
故城县	0.365	0.346	0.389	0.482	0.501
景县	0.341	0.352	0.347	0.433	0.468
阜城县	0.360	0.341	0.389	0.469	0.513

2010—2018 年河北省土地生态安全等级如表附录 -12～表附录 -22 所示：

表附录 -12　2010—2018 年石家庄市土地生态安全等级

县（市、区）	2010	2012	2014	2016	2018
长安区	5	5	5	4	3
桥西区	5	5	5	4	3
新华区	5	5	5	4	3
井陉区	5	5	5	5	5
裕华区	5	5	5	4	3
藁城区	5	5	5	4	4
鹿泉区	4	4	4	3	3
栾城区	4	4	4	3	3
辛集市	4	4	4	4	4
晋州市	4	4	4	4	4
新乐市	4	4	4	4	4
井陉县	5	5	5	5	5
正定县	4	4	4	3	3
行唐县	5	5	5	4	4
灵寿县	5	5	5	5	4
高邑县	5	5	5	4	4
深泽县	5	5	5	5	4
赞皇县	5	5	5	4	4
无极县	5	5	5	4	4
平山县	4	4	4	3	3
元氏县	5	5	5	5	4
赵县	5	5	5	4	4

表附录-13 2010—2018年唐山市土地生态安全等级

县（市、区）	2010	2012	2014	2016	2018
路南区	3	3	3	3	2
路北区	3	3	3	2	2
古冶区	4	4	4	3	3
开平区	4	4	4	3	3
丰南区	4	4	4	4	3
丰润区	4	4	4	3	3
曹妃甸	4	4	4	3	2
遵化市	3	3	3	2	2
迁安市	3	3	3	2	2
滦州市	3	3	3	3	2
滦南县	3	3	3	2	2
乐亭县	4	4	4	4	3
迁西县	3	3	3	2	2
玉田县	4	4	4	3	3

表附录-14 2010—2018年秦皇岛市土地生态安全等级

县（市、区）	2010	2012	2014	2016	2018
海港区	3	3	3	2	2
山海关	3	3	3	3	2
北戴河	2	2	2	1	1
抚宁区	2	2	2	3	1
昌黎县	2	2	2	1	1
卢龙县	1	1	1	1	1
青龙县	1	1	1	1	1

表附录-15　2010—2018年邯郸市土地生态安全等级

县（市、区）	2010	2012	2014	2016	2018
邯山区	4	4	4	4	3
丛台区	4	4	4	3	3
复兴区	4	4	4	3	3
峰峰区	5	5	5	4	4
肥乡区	4	4	4	3	3
永年区	4	4	4	3	3
武安市	4	4	4	4	3
临漳县	4	4	4	3	3
成安县	4	4	4	3	3
大名县	4	4	4	4	3
涉县	4	4	4	3	3
磁县	4	4	4	3	3
邱县	4	4	4	4	3
鸡泽县	4	4	4	3	3
广平县	5	5	5	4	4
馆陶县	5	5	5	4	4
魏县	4	4	4	3	3
曲周县	4	4	4	3	3

表附录-16　2010—2018年邢台市土地生态安全等级

县（市、区）	2010	2012	2014	2016	2018
桥东区	4	4	4	4	3
桥西区	5	5	5	4	4
南宫市	5	5	5	4	4
沙河市	4	4	4	4	3

续 表

县（市、区）	2010	2012	2014	2016	2018
邢台县	4	4	4	3	3
临城县	4	4	4	3	3
内丘县	3	3	3	3	2
柏乡县	5	5	5	4	4
隆尧县	5	5	5	4	4
任县	4	4	4	3	3
南和县	5	5	5	4	4
宁晋县	5	5	5	4	4
巨鹿县	4	4	4	3	3
新河县	4	4	4	3	3
广宗县	4	4	4	4	3
平乡县	4	4	4	3	3
威县	4	4	4	4	3
清河县	4	4	4	3	3
临西县	4	4	4	3	3

表附录-17 2010—2018年保定市土地生态安全等级

县（市、区）	2010	2012	2014	2016	2018
竞秀区	4	4	4	4	3
莲池区	4	4	4	3	3
满城区	5	5	5	4	4
清苑区	4	4	4	3	3
徐水区	5	5	5	5	4
涿州市	5	5	5	4	4
定州市	5	5	5	5	4

续 表

县（市、区）	2010	2012	2014	2016	2018
安国市	5	5	5	4	4
高碑店	5	5	5	4	4
涞水县	4	4	4	3	3
阜平县	4	4	4	3	3
定兴县	4	4	4	3	3
唐县	4	4	4	3	3
高阳县	4	4	4	3	3
容城县	4	4	4	4	3
涞源县	4	4	4	3	3
望都县	5	5	5	4	4
安新县	4	4	4	4	3
易县	4	4	4	3	3
曲阳县	5	5	5	4	4
蠡县	4	4	4	3	3
顺平县	4	4	4	3	3
博野县	4	4	4	3	3
雄县	4	4	4	3	3

表附录-18　2010—2018年张家口市土地生态安全等级

县（市、区）	2010	2012	2014	2016	2018
桥东区	3	3	3	2	2
桥西区	3	3	3	4	2
宣化区	3	3	3	2	2
下花园	3	3	3	4	2
万全区	3	3	3	2	2

续　表

县（市、区）	2010	2012	2014	2016	2018
崇礼区	3	3	3	1	1
张北县	2	2	2	2	1
康保县	2	2	2	1	1
沽源县	2	2	2	2	1
尚义县	2	2	2	1	1
蔚　县	1	1	1	1	1
阳原县	2	2	2	1	1
怀安县	1	1	1	1	1
怀来县	2	2	2	1	1
涿鹿县	1	1	1	1	1
赤城县	2	2	2	1	1

表附录-19　2010—2018年承德市土地生态安全等级

县（市、区）	2010	2012	2014	2016	2018
双桥区	2	2	2	2	2
双滦区	4	4	4	4	3
营子区	5	5	5	4	3
平泉市	3	3	3	2	2
承德县	3	3	3	3	2
兴隆县	1	1	1	1	1
滦平县	3	3	3	2	2
隆化县	3	3	3	2	2
丰宁县	2	2	2	1	1
宽城县	2	2	2	1	1
围场县	1	1	1	1	1

表附录-20 2010—2018年沧州市土地生态安全等级

县（市、区）	2010	2012	2014	2016	2018
新华区	4	4	4	3	3
运河区	5	5	5	4	4
泊头市	5	5	5	4	4
任丘市	5	5	5	4	4
黄骅市	4	4	4	3	3
河间市	5	5	5	4	4
沧县	5	5	5	4	4
青县	5	5	5	4	4
东光县	5	5	5	4	4
海兴县	5	5	5	5	5
盐山县	5	5	5	5	5
肃宁县	5	5	5	5	4
南皮县	5	5	5	4	4
吴桥县	5	5	5	4	4
献县	5	5	5	4	4
孟村县	5	5	5	5	5

表附录-21 2010—2018年廊坊市土地生态安全等级

县（市、区）	2010	2012	2014	2016	2018
安次区	4	4	4	3	3
广阳区	5	5	5	4	4
霸州市	5	5	5	4	4
三河市	5	5	5	4	4
固安县	4	4	4	3	3
永清县	5	5	5	4	4

续 表

县（市、区）	2010	2012	2014	2016	2018
香河县	5	5	5	4	4
大城县	5	5	5	4	4
文安县	5	5	5	4	4
大厂县	5	5	5	5	5

表附录-22　2010—2018年衡水市土地生态安全等级

县（市、区）	2010	2012	2014	2016	2018
桃城区	4	4	4	3	3
冀州区	5	5	5	4	4
深州市	5	5	5	5	5
枣强县	4	4	4	3	3
武邑县	4	4	4	4	3
武强县	5	5	5	5	5
饶阳县	4	4	4	3	3
安平县	5	5	5	5	5
故城县	4	4	4	3	3
景县	4	4	4	3	3
阜城县	4	4	4	3	3

河北省土地自然生态因素及赋值表如表附录 -23 ～表附录 -45 所示：

表附录 -23　冀东燕山山前平原区

因素分值	表土质地	灌溉保证率	有机质 /%	剖面构型
100	壤土	充分满足		通体壤，壤/黏/壤
90	黏土	基本满足		壤/黏/黏，壤/沙/壤，沙/黏/黏
80			>2.0	黏/沙/黏，通体黏
70	沙土	一般满足		沙/黏/沙
60			1.5～2.0	壤/沙/沙，浅位姜
50			1.0～1.5	黏/沙/沙
40	砾质土		0.6～1.0	通体沙，通体砾
30		无灌溉条件		
20			<0.6	
10				
权重值	21	38	12	29

表附录 -24　滦河冲积扇区

因素分值	表土质地	盐渍化情况	灌溉保证率	有机质 /%	剖面构型
100	壤土	无盐化	充分满足		通体壤，壤/黏/壤
90	黏土		基本满足		壤/黏/黏，壤/沙/壤，沙/黏/黏
80		轻度（缺苗2～3成）		>2.0	黏/沙/黏，通体黏
70	沙土		一般满足		沙/黏/沙
60		中度（缺苗3～5成）		1.5～2.0	壤/沙/沙，浅位姜
50				1.0～1.5	黏/沙/沙
40		重度（缺苗≥5成）		0.6～1.0	通体沙，通体砾
30			无灌溉条件		
20				<0.6	

续　表

因素分值	表土质地	盐渍化情况	灌溉保证率	有机质 /%	剖面构型
10	流动沙				
权重值	21	15	34	10	20

表附录-25　燕山山前平原洼地区

因素分值	表土质地	排水条件	盐渍化情况	灌溉保证率	有机质 /%	剖面构型
100	壤土	一级健全	无盐化	充分满足		通体壤，壤/黏/壤
90	黏土	丰水年（短涝1～2 d）		基本满足		壤/黏/黏，壤/沙/壤，沙/黏/黏/
80		基本健全	轻度（缺苗2～3成）		>2.0	黏/沙/黏，通体黏
70	沙土	丰水年（积水2～3 d）		一般满足		沙/黏/沙
60		一般	中度（缺苗3～5成）		1.5～2.0	壤/沙/沙，浅位姜
50					1.0～1.5	黏/沙/沙
40	砾质土	常年涝≥3 d，无排水系统	重度（缺苗≥5成）		0.6～1.0	通体沙，通体砾
30				无灌溉条件		
20					<0.6	
10						
权重值	14	14	14	32	10	16

表附录-26　太行山北段冀中山前平原区

因素分值	表土质地	灌溉保证率	有机质 /%	剖面构型
100	壤土	充分满足		通体壤，壤/黏/壤
90	黏土	基本满足		壤/黏/黏，壤/沙/壤，沙/黏/黏/
80			>2.0	黏/沙/黏，通体黏

续 表

因素分值	表土质地	灌溉保证率	有机质 /%	剖面构型
70	沙土	一般满足		沙/黏/沙
60			1.5～2.0	壤/沙/沙，浅位姜
50			1.0～1.5	黏/沙/沙
40			0.6～1.0	通体沙，通体砾
30		无灌溉条件		
20			<0.6	
10				
权重值	25	38	12	25

表附录-27　太行山南段冀南山前平原区

因素分值	表土质地	灌溉保证率	有机质 /%	剖面构型
100	壤土	充分满足		通体壤，壤/黏/壤
90	黏土	基本满足		壤/黏/黏，壤/沙/壤，沙/黏/壤
80			>2.0	黏/沙/黏，通体黏
70	沙土	一般满足		沙/黏/沙
60			1.5～2.0	壤/沙/沙，浅位姜
50			1.0～1.5	黏/沙/沙
40			0.6～1.0	通体沙，通体砾
30		无灌溉条件		
20			<0.6	
10				
权重值	24	24	12	40

表附录-28 永定河冲积平原区

因素分值	表土质地	盐渍化情况	灌溉保证率	有机质/%	剖面构型
100	壤土	无盐化	充分满足		通体壤，壤/黏/壤
90	黏土		基本满足		壤/黏/黏，壤/沙/壤，沙/黏/黏
80		轻度（缺苗2～3成）		>2.0	黏/沙/黏，通体黏
70	沙土		一般满足		沙/黏/沙
60		中度（缺苗3～5成）		1.5～2.0	壤/沙/沙，浅位姜
50				1.0～1.5	黏/沙/沙
40		重度（缺苗≥5成）		0.6～1.0	通体沙，通体砾
30			无灌溉条件		
20				<0.6	
10	流动沙				
权重值	20	16	34	8	22

表附录-29 冀中洼地区

因素分值	表土质地	排水状况	盐渍化情况	灌溉保证率	有机质/%	剖面构型
100	壤土	一级健全	无盐化	充分满足		通体壤，壤/黏/壤
90	黏土			基本满足		壤/黏/黏，壤/沙/壤，沙/黏/黏
80		基本健全，丰水年短涝1～2d	轻度（缺苗2～3成）		>2.0	黏/沙/黏，通体黏
70	沙土			一般满足		沙/黏/沙
60		一般，丰水年短涝2～3d	中度（缺苗3～5成）		1.5～2.0	壤/沙/沙，浅位姜
50					1.0～1.5	黏/沙/沙
40		常年涝≥3d，无排水系统	重度（缺苗≥5成）		0.6～1.0	通体沙，通体砾

续表

因素分值	表土质地	排水状况	盐渍化情况	灌溉保证率	有机质/%	剖面构型
30		无排水系统		无灌溉条件		
20					<0.6	
10						
权重值	14	16	16	30	8	16

表附录-30 冀中南冲积平原区

因素分值	表土质地	排水状况	盐渍化情况	灌溉保证率	有机质/%	剖面构型
100	壤土	一级健全	无盐化	充分满足		通体壤,壤/黏/壤
90	黏土			基本满足		壤/黏,黏,壤/沙/壤,沙/黏
80		基本健全,丰水年短涝1~2d	轻度(缺苗2~3成)		>2.0	黏/沙/黏,通体黏
70	沙土			一般满足		沙/黏/沙
60		一般,丰水年短涝2~3d	中度(缺苗3~5成)		1.5~2.0	壤/沙/沙,浅位姜
50					1.0~1.5	黏/沙/沙
40		常年涝≥3d,无排水系统	重度(缺苗≥5成)		0.6~1.0	通体沙,通体砾
30		无排水系统		无灌溉条件		
20					<0.6	
10						
权重值	14	10	18	36	8	14

表附录-31　冀南低平原区

因素分值	表土质地	排水条件	盐渍化情况	灌溉保证率	有机质/%	剖面构型
100	壤土	一级健全	无盐化	充分满足		通体壤，壤/黏/壤
90	黏土	基本健全，丰水年短涝1～2d		基本满足		壤/黏/黏，壤/沙/壤，沙/黏/黏
80			轻度（缺苗2～3成）		>2.0	黏/沙/黏，通体黏
70	沙土	一般，丰水年积水2～3d		一般满足		沙/黏/沙
60			中度（缺苗3～5成）		1.5～2.0	壤/沙/沙，浅位姜
50					1.0～1.5	黏/沙/沙
40		常年涝≥3d，无排水系统	重度（缺苗≥5成）		0.6～1.0	通体沙，通体砾
30				无灌溉条件		
20					<0.6	
10		10				
权重值	15	10	18	32	8	17

表附录-32　冀南漳、卫河冲积平原区

因素分值	表土质地	排水条件	盐渍化情况	灌溉保证率	有机质/%	剖面构型
100	壤土	一级健全	无盐化	充分满足		通体壤，壤/黏/壤
90	黏土	基本健全，丰水年短涝1～2d		基本满足		壤/黏/黏，壤/沙/壤，沙/黏/黏
80			轻度（缺苗2～3成）		>2.0	黏/沙/黏，通体黏
70	沙土	一般，丰水年积水2～3d		一般满足		沙/黏/沙
60			中度（缺苗3～5成）		1.5～2.0	壤/沙/沙，浅位姜
50					1.0～1.5	黏/沙/沙
40		常年涝≥3d，无排水系统	重度（缺苗≥5成）		0.6～1.0	通体沙，通体砾

续 表

因素分值	表土质地	排水条件	盐渍化情况	灌溉保证率	有机质/%	剖面构型
30				无灌溉条件		
20					<0.6	
10		10				
权重值	15	8	18	34	8	17

表附录-33 冀东滨海平原区

因素分值	表土质地	排水条件	盐渍化情况	灌溉保证率	有机质/%	剖面构型
100	壤土	一级健全	无盐化	充分满足		通体壤，壤/黏/壤
90	黏土	基本健全，丰水年短涝1～2 d		基本满足		壤/黏/黏，壤/沙/壤，沙/黏/黏
80			轻度（缺苗2～3成）		>2.0	黏/沙/黏，通体黏
70	沙土	一般，丰水年积水2～3 d		一般满足		沙/黏/沙
60			中度（缺苗3～5成）		1.5～2.0	壤/沙/沙，浅位姜
50					1.0～1.5	黏/沙/沙
40		常年涝≥3 d，无排水系统	重度（缺苗≥5成）		0.6～1.0	通体沙，通体砾
30				无灌溉条件		
20					<0.6	
10	流动沙	10				
权重值	16	12	20	30	8	14

表附录-34 运东滨海平原区

因素分值	表土质地	排水条件	盐渍化情况	灌溉保证率	有机质/%	剖面构型
100	壤土	一级健全	无盐化	充分满足		通体壤，壤/黏/壤
90	黏土	丰水年（短涝1～2d）		基本满足		壤/黏/黏，壤/沙/壤，沙/黏/黏
80		基本健全	轻度（缺苗2～3成）		>2.0	黏/沙/黏，通体黏
70	沙土	丰水年（积水2～3d）		一般满足		沙/黏/沙
60		一般	中度（缺苗3～5成）		1.5～2.0	壤/沙/沙，浅位姜
50					1.0～1.5	黏/沙/沙
40		常年涝≥3d，无排水系统	重度（缺苗≥5成）		0.6～1.0	通体沙，通体砾
30				无灌溉条件		
20					<0.6	
10	流动沙					
权重值	16	10	20	32	8	14

表附录-35 涿鹿、怀来山地丘陵盆地区

因素分值	坡度/度	有效土层厚度/cm	表土质地	盐渍化情况	灌溉保证率	有机质/%	剖面构型
100	<2	≥150	壤土	无盐化	充分满足		通体壤，壤/黏/壤
90	2～5	100～150	黏土		基本满足		壤/黏/黏，沙/壤，沙/黏/黏
80	5～8			轻度(缺苗2～3成)		>2.0	黏/沙/黏，通体黏
70		60～100	沙土		一般满足		沙/黏/沙
60	8～15			中度(缺苗3～5成)		1.5～2.0	壤/沙/沙
50						1.0～1.5	黏/沙/沙

续表

因素分值	坡度/度	有效土层厚度/cm	表土质地	盐渍化情况	灌溉保证率	有机质/%	剖面构型
40		30～60	砾质土	重度（缺苗≥5成）	无灌溉条件	0.6～1.0	通体沙
30	15～25						通体砾
20						<0.6	
10	≥25	<30	流动沙				
权重值	22	22	8	10	24	6	8

表附录-36 张宣盆地区

因素分值	有效土层厚度/cm	表土质地	盐渍化情况	坡度/(°)	灌溉保证率	有机质/%	剖面构型
100	≥150	壤土	无盐化	<2	充分满足		通体壤，壤/黏/壤
90	100～150	黏土		2～5	基本满足		壤/黏/黏，壤/沙/壤，沙/黏/黏
80			轻度（缺苗2～3成）	5～8		>2.0	黏/沙/黏，通体黏
70	60～100	沙土			一般满足		沙/黏/沙
60			中度（缺苗3～5成）	8～15		1.5～2.0	壤/沙/沙
50						1.0～1.5	黏/沙/沙
40	30～60	砾质土	重度（缺苗≥5成）		无灌溉条件	0.6～1.0	通体沙
30				15～25			通体砾
20	<30					<0.6	
10		流动沙		≥25			
权重值	21	9	12	20	23	6	9

表附录-37　冀西北阳原蔚县盆地区

因素分值	有效土层厚度/cm	表土质地	盐渍化情况	坡度/(°)	灌溉保证率	有机质/%	剖面构型
100	≥150	壤土	无盐化	<2	充分满足		通体壤，壤/黏/壤
90	100～150	黏土		2～5	基本满足		壤/黏/黏，壤/沙/壤，沙/黏/黏
80			轻度（缺苗2～3成）	5～8		>2.0	黏/沙/黏，通体黏
70	60～100	沙土			一般满足		沙/黏/沙
60			中度（缺苗3～5成）	8～15		1.5～2.0	壤/沙/沙
50						1.0～1.5	黏/沙/沙
40	30～60	砾质土	重度（缺苗≥5成）		无灌溉条件	0.6～1.0	通体沙
30				15～25			通体砾
20						<0.6	
10	<30			≥25			
权重值	20	9	12	20	25	6	8

表附录-38　燕北中山区

因素分值	有效土层厚度/cm	表土质地	坡度/(°)	灌溉保证率	有机质/%	剖面构型
100	≥150	壤土	<2	充分满足		通体壤，壤/黏/壤
90	100～150	黏土	2～5	基本满足		壤/黏/黏，壤/沙/壤，沙/黏/黏
80			5～8		>2.0	黏/沙/黏，通体黏
70	60～100	沙土		一般满足		沙/黏/沙
60			8～15		1.5～2.0	壤/沙/沙
50					1.0～1.5	黏/沙/沙
40	30～60	砾质土		无灌溉条件	0.6～1.0	通体沙
30			15～25			通体砾

续表

因素分值	有效土层厚度/cm	表土质地	坡度/(°)	灌溉保证率	有机质/%	剖面构型
20					<0.6	
10	<30	流动沙	≥25			
权重值	28	10	27	20	6	9

表附录-39 燕山低山丘陵盆地区

因素分值	有效土层厚度/cm	表土质地	坡度/(°)	灌溉保证率	有机质/%	剖面构型
100	≥150	壤土	<2	充分满足		通体壤，壤/黏/壤
90	100～150	黏土	2～5	基本满足		壤/黏/黏，壤/沙/壤，沙/黏/黏
80			5～8		>2.0	黏/沙/黏，通体黏
70	60～100	沙土		一般满足		沙/黏/沙
60			8～15		1.5～2.0	壤/沙/沙
50					1.0～1.5	黏/沙/沙
40	30～60	砾质土		无灌溉条件	0.6～1.0	通体沙
30			15～25			通体砾
20					<0.6	
10	<30		≥25			
权重值	25	10	25	24	6	10

表附录-40 燕山长城两侧低山丘陵区

因素分值	有效土层厚度/cm	表土质地	坡度/(°)	灌溉保证率	有机质/%	剖面构型
100	≥150	壤土	<2	充分满足		通体壤，壤/黏/壤
90	100～150	黏土	2～5	基本满足		壤/黏/黏，壤/沙/壤，沙/黏/黏
80			5～8		>2.0	黏/沙/黏，通体黏
70	60～100	沙土		一般满足		沙/黏/沙
60			8～15		1.5～2.0	壤/沙/沙

续 表

因素分值	有效土层厚度/cm	表土质地	坡 度/(°)	灌溉保证率	有机质/%	剖面构型
50					1.0～1.5	黏/沙/沙
40	30～60	砾质土		无灌溉条件	0.6～1.0	通体沙
30			15～25			通体砾
20					<0.6	
10	<30		≥25			
权重值	25	10	25	26	6	8

表附录-41 太行山北段中山区

因素分值	有效土层厚度/cm	表土质地	坡 度/(°)	灌溉保证率	有机质/%	剖面构型
100	≥150	壤土	<2	充分满足		通体壤，壤/黏/壤
90	100～150	黏土	2～5	基本满足		壤/黏/黏，壤/沙/壤，沙/黏/黏
80			5～8		>2.0	黏/沙/黏，通体黏
70	60～100	沙土		一般满足		沙/黏/沙
60			8～15		1.5～2.0	壤/沙/沙
50					1.0～1.5	黏/沙/沙
40	30～60	砾质土			0.6～1.0	通体沙，通体砾
30			15～25	无灌溉条件		
20					<0.6	
10	<30		≥25			
权重值	25	10	24	26	6	9

表附录-42 太行山西部低山区

因素分值	有效土层厚度/cm	表土质地	坡度/(°)	灌溉保证率	有机质/%	剖面构型
100	≥150	壤土	<2	充分满足		通体壤，壤/黏/壤
90	100～150	黏土	2～5	基本满足		壤/黏/黏，壤/沙/壤，沙/黏/黏
80			5～8		>2.0	黏/沙/黏，通体黏
70	60～100	沙土		一般满足		沙/黏/沙
60			8～15		1.5～2.0	壤/沙/沙
50					1.0～1.5	黏/沙/沙
40	30～60	砾质土			0.6～1.0	通体沙，通体砾
30			15～25	无灌溉条件		
20					<0.6	
10	<30		≥25			
权重值	25	10	24	26	6	9

表附录-43 太行山东部丘陵区

因素分值	有效土层厚度/cm	表土质地	坡度/(°)	灌溉保证率	有机质/%	剖面构型
100	≥150	壤土	<2	充分满足		通体壤，壤/黏/壤
90	100～150	黏土	2～5	基本满足		壤/黏/黏，壤/沙/壤，沙/黏/黏
80			5～8		>2.0	黏/沙/黏，通体黏
70	60～100	沙土		一般满足		沙/黏/沙
60			8～15		1.5～2.0	壤/沙/沙
50					1.0～1.5	黏/沙/沙
40	30～60	砾质土			0.6～1.0	通体沙，通体砾
30			15～25	无灌溉条件		
20					<0.6	
10	<30		≥25			
权重值	24	10	23	27	6	10

表附录-44　坝东高原区

因素分值	有效土层厚度/cm	表土质地	盐渍化情况	坡度/(°)	灌溉保证率	有机质/%	剖面构型
100	≥150	壤土	无盐化	<2	充分满足		通体壤，蒙金土
90	100～150	黏土		2～5	基本满足		壤/黏/黏，壤/沙/壤，沙/黏/黏
80			轻度（缺苗2～3成）	5～8		>2.0	黏/沙/黏，通体黏
70	60～100	沙土			一般满足		沙/黏/沙，60～90 cm出现白干土层
60			中度（缺苗3～5成）	8～15		1.5～2.0	壤/沙/沙
50						1.0～1.5	黏/沙/沙，30～60 cm出现白干土层
40	30～60	砾质土	重度（缺苗≥5成）		无灌溉条件	0.6～1.0	通体沙
30				15～25			通体砾，<30 cm出现白干土层
20	<30					<0.6	
10		流动沙		≥25			
权重值	24	8	15	20	20	5	8

表附录-45　坝西高原区

因素分值	有效土层厚度/cm	表土质地	盐渍化情况	坡度/(°)	灌溉保证率	有机质/%	剖面构型
100	≥150	壤土	无盐化	<2	充分满足		通体壤，蒙金
90	100～150	黏土		2～5	基本满足		壤/黏/黏，壤/沙/壤，沙/黏/黏
80			轻度（缺苗2～3成）	5～8		>2.0	黏/沙/黏，通体黏
70	60～100	沙土			一般满足		沙/黏/沙，60～90 cm出现白干土层

续表

因素分值	有效土层厚度/cm	表土质地	盐渍化情况	坡度/(°)	灌溉保证率	有机质/%	剖面构型
60			中度（缺苗3~5成）	8~15		1.5~2.0	壤/沙/沙
50						1.0~1.5	黏/沙/沙，30~60 cm出现白干土层
40	30~60	砾质土	重度（缺苗≥5成）		无灌溉条件	0.6~1.0	通体沙
30				15~25			通体砾，<30 cm出现白干土层
20	<30					<0.6	
10		流动沙		≥25			
权重值	24	7	15	20	22	5	7

2010—2018年河北省各县（市、区）土地生态安全空间分布图如图附录-1—图附录-5所示。

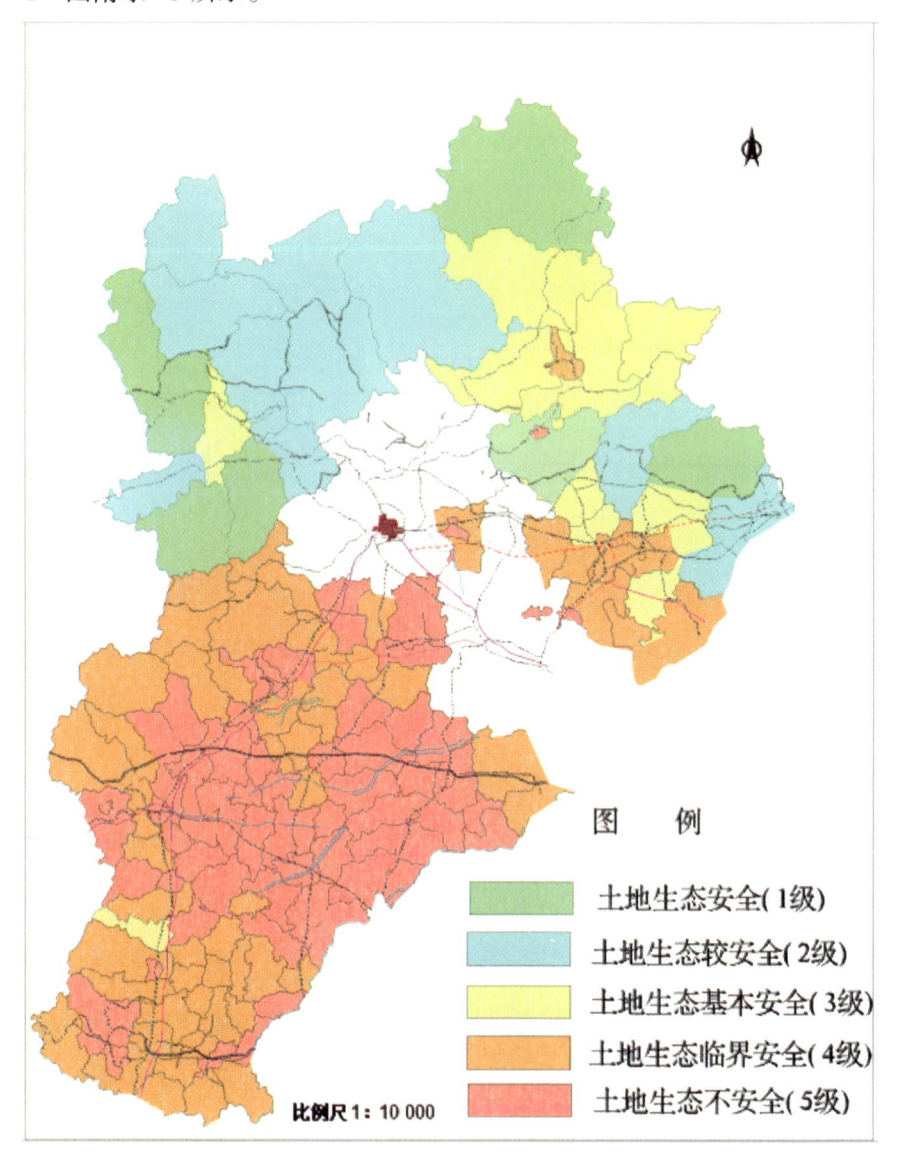

图附录-1　2010年河北省各县（市、区）土地生态安全空间分布图

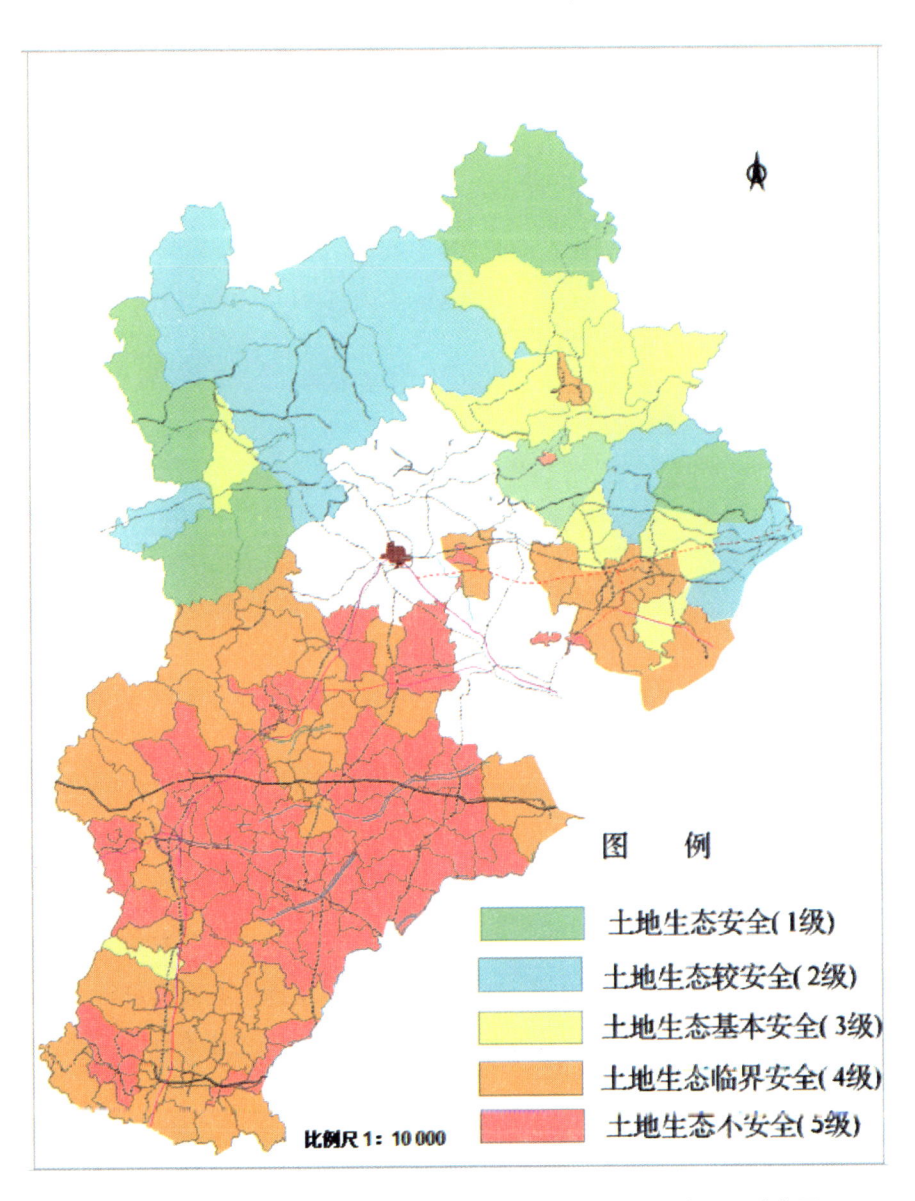

图附录-2 2012年河北省各县（市、区）土地生态安全空间分布图

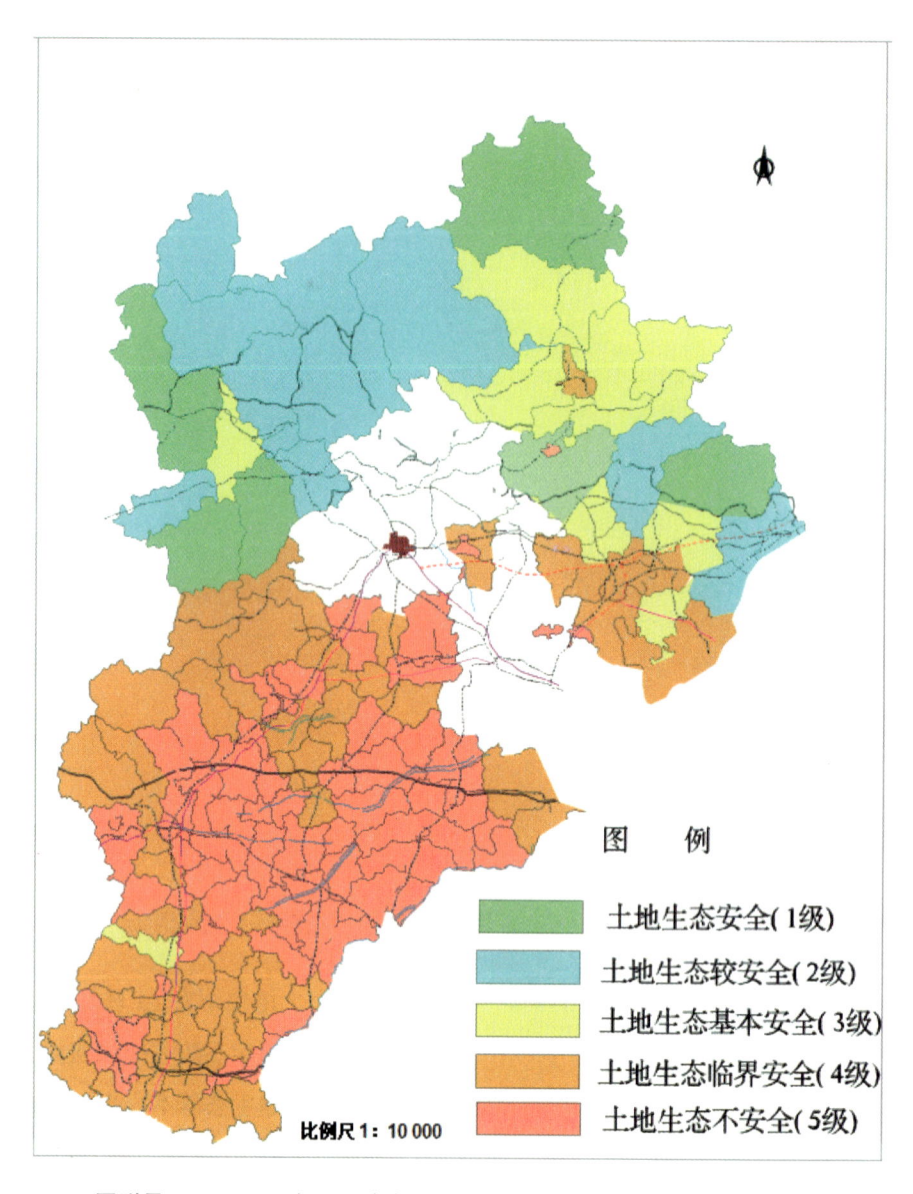

| 基于 DPSIR 视角的河北省土地生态安全风险评价研究

图附录-3　2014年河北省各县（市、区）土地生态安全空间分布图

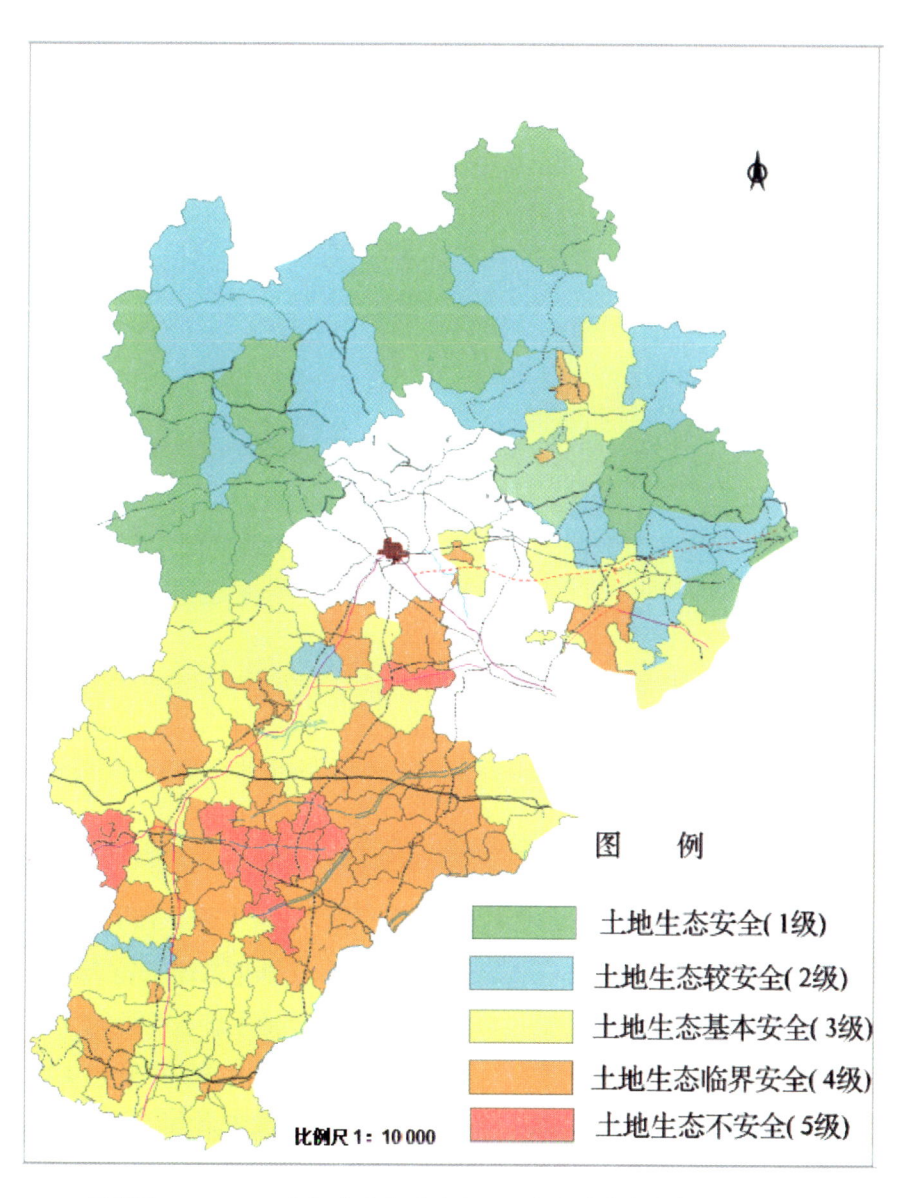

图附录-4　2016年河北省各县（市、区）土地生态安全空间分布图

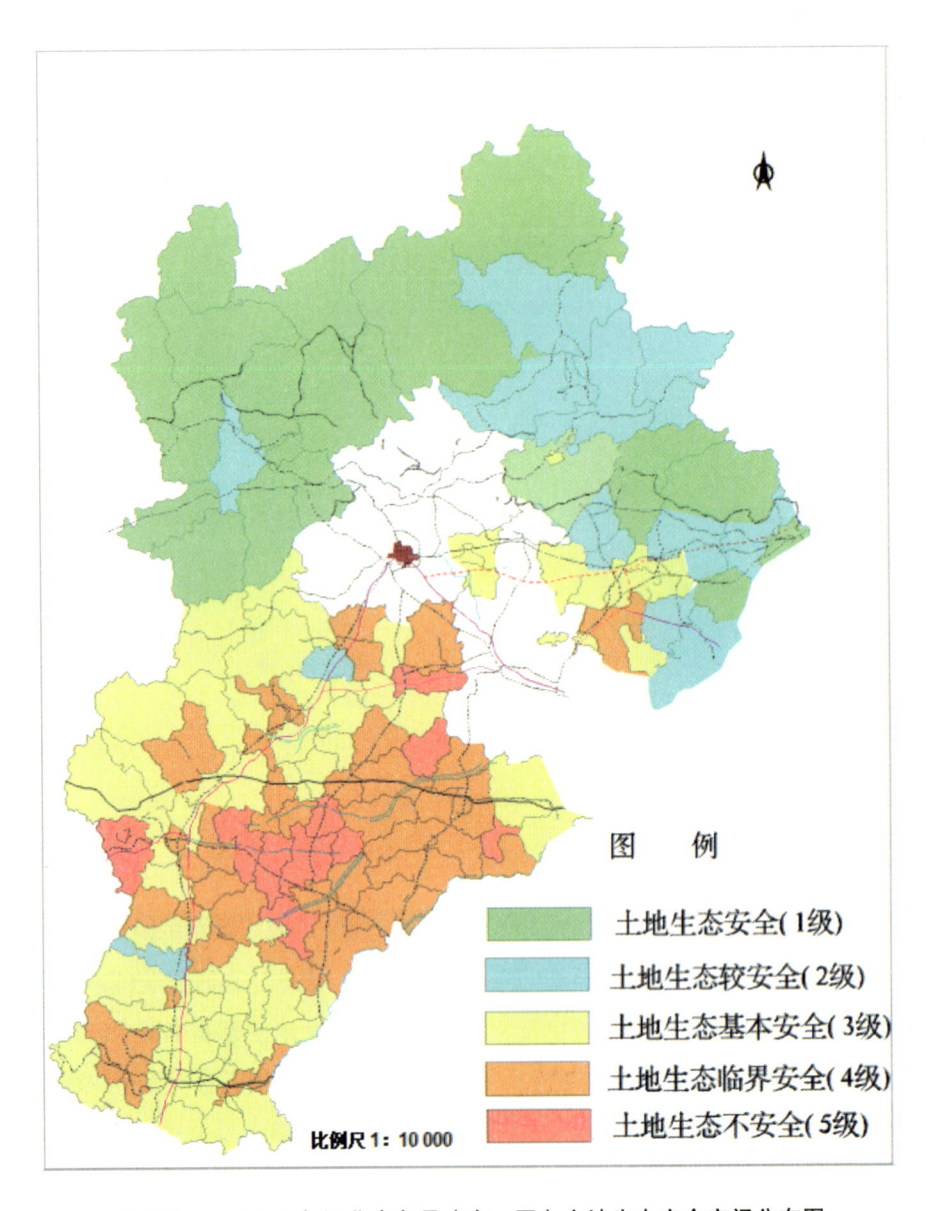

图附录 -5　2018 年河北省各县（市、区）土地生态安全空间分布图

参考文献

1. 外文文献

[1] AN X F, ZhAO S Q. Evaluation of land ecological security in Liaoning Province based on grid[J]. IOP Conference Series: Earth and Environmental Science, 2018, 178(1):012047.

[2] ASTEL A. Chemometrics based on fuzzy logic principles in environmental studies[J]. Talanta, 2006, 72(1):1-12.

[3] BARTELL S, LEFEBVRE G, KAMINSKI G, et al. An ecosystem model for assessing ecological risks in Quebec rivers, lakes,and reservoirs [J]. Ecological Modelling, 1999, 124 (1):43-67.

[4] BERTOLLO P. Assessing landscape health: a case study from northeastern Italy[J]. Environmental management, 2001, 27(3):349-365.

[5] BLASI C, ZAVATTERO L, MARIGNANI M, et al.The concept of land ecological network and its design using a land unit approach[J]. Plant Biosystems – An International Journal Dealing with all Aspects of Plant Biology, 2008, 142(3):540-549.

[6] BROWN D C. A green and permanent land: ecology and agriculture in the Twentieth Century[J]. History: Reviews of New Books, 2001, 29(4):149.

[7] CHAO X X, LIU X L, WU L W. Analysis on land ecological security change and affect factors using RS and GWR in the Danjiangkou Reservoir Area, China[J]. Applied Geography, 2019(105):1-4.

[8] CHEN L L, JIN L H. Security evaluation of land ecology in Changsha[J]. Advanced Materials Research, 2013, 2695:239-243.

[9] CHENG B H, WANG Q, LIU J X. Comparative analysis on eco-efficiency of arable land ecological footprint in Hubei[J]. Wuhan University Journal of Natural Sciences, 2006, 11(4):1052-1058.

[10] COLIN R R, BRENDA J B, AMANDA J W.Establishing soil and surficial geologic habitat criteria for presumed gypsophiles — The example of *Eriogonum corymbosum* var. nilesii, Mojave Desert, U.S.A.[J]. Catena, 2014, 118:9-19.

[11] CUNFER G. A green and permanent land: ecology and agriculture in the Twentieth Century[J]. Environmental History, 2001, 6(4):631-632.

[12] DAI L, YAO X C, ZHOU S L, et al. Land ecological assessment of Jintan city in Yangtze River Delta with highly developed economy[J]. Editorial Office of Transactions of the Chinese Society of Agricultural Engineering, 2013, 29(8):249-257.

[13] ENI D I, ATU J E, AJAKE A O. Laterite exploitation and its impact on vegetation cover in Calabar Metropolis, Nigeria[J]. Journal of Environment and Earth Science, 2014, 4(6):4-12.

[14] FENG Y, LIU Y, LIU Y. Spatially explicit assessment of land ecological security with spatial variables and logistic regression modeling in Shanghai, China[J]. Stochastic environmental research and risk assessment, 2017, 31(9):2235-2249.

[15] FENG Y J, YANG Q Q, TONG X H, et al. Evaluating land ecological security and examining its relationships with driving factors using GIS and generalized additive model[J]. The Science of the total environment, 2018(633):1469-1479.

[16] FU, JIAN C. Literature review of land ecological security[J]. Advanced Materials Research, 2015, 1065-1069.

[17] GUO A Q, WANG J, QIN L. Research about the change of land resources ecological security based on P-S-R in Chongqing City[J]. Advanced Materials Research, 2013, 726-731.

[18] HUANG Q, WANG R, REN Z, et al. Regional ecological security assessment based on long periods of ecological footprint analysis [J]. Resources, Conservation and Recycling, 2007,51(1):24-41.

[19] HWABC D, FQABC D, XZE F. A spatial exploring model for urban land ecological security based on a modified artificial bee colony algorithm-science direct[J]. Ecological Informatics, 2019(50):51-61.

[20] IDRISSA K, MOOG O, ALP M, et al. Using macroinverte-brates for ecosystem health

assessment in semi-arid streams of Burkina Faso[J]. Hydrobiologia, 2016, 766(1):57-74.

[21] JI C, WANG Z Q, ZHANG H W.Integrated evaluation of coupling coordination for land use change and ecological security: a case study in Wuhan City of Hubei Province, China[J].International Journal of Environmental Research and Public Health, 2017, 14(11):1435.

[22] JIAN C F, WU D. Research progress on ecological security evaluation of land in China[J]. Advanced Materials Research, 2014, 3384:264-269.

[23] JIN Z F, WANG J, KONG X S. Combining habitat area and fragmentation change for ecological disturbance assessment in Jiangsu Province, China[J]. Environmental Science and Pollution Research, 2020, 27(3):20817-20830.

[24] JOHN H, DAVID R. Ecosystem health in professional education: the path ahead [J]. EcoHealth, 2004, 1(1):3-7.

[25] LI H, MENG F T, LI Z Y, et al. Yunnan Haba Snow Mountain ecological safety evaluation based on the landscape ecological pattern[J]. Applied Mechanics and Materials, 2014, 3013:537-540.

[26] LI L, ZENG W Z. A review of land ecological security evaluation in China[J]. Journal of Geography and Geology, 2010, 2(1):1010-1012.

[27] LI X H, WANG X W, LIU C Y, et al. Traces of the 1997 Indonesian wildfires in the marine environment from a network of coral δ 13C records[J]. Geophysical Research Letters, 2020, 47(22):1-10.

[28] LING H, JIA Q J, CHAO L, et al. Calculation on ecological security baseline based on the ecosystem services value and the food security[J]. Chinese Journal of Applied Ecology, 2016, 27(1):215.

[29] LIU C, WU X, WANG L. Analysis on land ecological security change and affect factors using RS and GWR in the Danjiangkou Reservoir area, China[J]. Applied Geography, 2019, 105:1-14.

[30] LIU Q G. Eco-environmental changes mechanism in the source region of the Yangtze River, China[J]. Nature Environment & Polution Technology, 2014, 13(1):113-118.

[31] LIU X L, MIAO C. Large-scale assessment of landslide hazard, vulnerability and risk in China[J].Geomatics Natural Hazards & Risk, 2018, 9(1):1037-1052.

[32] LIU Z F, XIE H L, HU J. Evaluation of land ecological security for Poyang Lake

Eco-Economic zone based on emergy[J]. Advanced Materials Research, 2014, 864-867:787-792.

[33] LIU Z H, XU L. Study on the assessment of land ecological suitability in urban connecting band based on the method of "Entropy Weight-Geographic Information System"[J]. Advanced Materials Research, 2013, 2657:1178-1181.

[34] LU D, YU H L, YU G M. Assessing the land use change and ecological security based on RS and GIS: a Case study of Pingdingshan City, China[J]. Advanced Materials Research, 2014(905):329-333.

[35] LV D, ZHANG X X, DENG M. The landscape ecological reconstruction design of urban landfill[J]. Advanced Materials Research, 2013, 2115:1305-1308.

[36] MA A H, ZHANG J J. The use of choice experiments to value public preferences for cultivated land protection in China[J]. Journal of Resources and Ecology, 2014, 5(3):263-271.

[37] MARCELLA C I S, FRANCESC X M de O. The prevailing weather and traffic conditions in the evaluation of a future ECA in the Mediterranean Sea. A view into the Western Mediterranean[J]. TransNav: International Journal on Marine Navigation and Safety of Sea Transportation, 2014, 8(1):157-163.

[38] NARZARY D C. IIIBook Reviews: BRETT L WALKER, The Conquest of Ainu Land: Ecology and Culture in Japanese Expansion, 1500-1800. University of California Press, London, Berkeley and Los Angeles, 2001, 344 pp. Hb. US $40 and £26.95[J]. China Report, 2003, 39(4):563-566.

[39] NEWTON J L, FREYFOGLE E T, SULLIVAN W C. Land, ecology, and democracy: a twenty-first century view[J]. Politics and the Life Sciences, 2006, 25(1-2):42-56.

[40] NICHOLAS J M, DAVID A K, LUCIE M B, et al. The role of satellite remote sensing in structured ecosystem risk assessments[J]. Science of the Total Environment, 2018, S(619-620):249-257.

[41] POLLINO C A, WOODBERRY O, NICHOLSON A, et al. Parameterisation and evaluation of a Bayesian network for use in an ecological risk assessment [J]. Environmental Modelling &Software, 2007, 22(8):1140-1152.

[42] QIAN J, WANG G X, DING Y J, et al. The land ecological evolutional patterns in the source areas of the Yangtze and Yellow Rivers in the past 15 years, China[J].

Environmental Monitoring and Assessment，2006，116(1-3):137-156.

[43] QUIGLEY T M, HAYNES R W, HANN W J. Estimating ecological integrity in the interior Columbia River basin [J]. Forest Ecology and management, 2001, 153(1):161-178.

[44] RAPPORT D J, COSTANZA R, MCMICHAEL A J. Assessing ecosystem health [J]. Trends in Ecology & Evolution, 1998, 13(10):397-402.

[45] RAPPORT D J, REGIER H A, HUTCHINSON T C. Ecosystem behavior under stress [J]. American Naturalist, 1985, 125 (5)：617-640.

[46] SHI S X, TONG P S.Evaluation system and spatial distribution pattern of ecological City construction-based on dpsirtopsismodel[J].Applied Ecology and Environmental Research，2019，17(1):601-616.

[47] SIDAWAY J D. Book review: land，ecology and resistance in Kenya，1880—1952[J]. Ecumene (continues as Cultural Geographies)，2001，8(4):519-521.

[48] SIRINA A. The living land: ecological ethics of the evenks and evens[J]. Sibirica，2008，7(2):1-22.

[49] STOLL S. A green and permanent land: ecology and agriculture in the Twentieth Century (review)[J]. Technology and Culture，2003，44(2):426-428.

[50] SU M R, YANG Z F, CHEN B. Set pair analysis for urban ecosystem health assessment [J]. Communications in Nonlin-ear Science and Numerical Simulation, 2009, 14 (4):1773-1780.

[51] SU S L, CHEN X, STEPHEN D, et al. Integrative fuzzy set pair model for land ecological security assessment: a case study of Xiaolangdi Reservoir Region，China[J]. Stochastic Environmental Research and Risk Assessment，2010，24(5):639-647.

[52] SU S L, LI D, YU X, et al. Assessing land ecological security in Shanghai (China) based on catastrophe theory[J].Stochastic Environmental Research and Risk Assessment，2011，25(6):737-746.

[53] SUSAN J N, FIONA J D. Contribution of national bioassessment approaches for assessing ecological water security: an AUSRIVAS case study [J]. Frontiers of Environmental Science & Engineering, 2013, 7(5):669-687.

[54] UUDUS, PARK, KIM, et al. Diurnal variation of NDVI from an unprecedented high-resolution geostationary ocean colour satellite[J]. Remote Sensing Letters，2013，4(7):639-647.

[55] VOORTMAN R F, SONNEVELD B G J S, KEYZER M A. African land ecology: opportunities and constraints for agricultural development[J]. AMBIO: A Journal of the Human Environment, 2003, 32(5):367-373.

[56] WANG A L, LIU W P, JI G W, et al. Evaluation on ecological value of arable land in hilly land consolidation region of Shandong province[J]. 农业工程学报, 2013, 29(25): 244-250.

[57] WANG H Y, QIN F, ZHANG X C. A spatial exploring model for urban land ecological security based on a modified artificial bee colony algorithm[J]. Ecological Informatics, 2018.

[58] WANG L, BIAN Z F. Land ecological security assessment for Yancheng city based on catastrophe theory[J]. Earth Science Research Journal, 2014, 18(2):181-187.

[59] WANG Q, JIN X B, ZHOU Y K. Cultivated land ecological security and spatial aggregation Pattern pattern in Hebei province[J]. 农业工程学报, 2011, 27(8):338-344.

[60] WONG M H, NOLLER B, NAIDU R, et al. Contaminated land, ecological assessment, and remediation conference series (CLEAR 2012): environmental pollution and risk assessments[J]. Environmental Science and Pollution Research, 2013, 20(12):8313-8315.

[61] WU L, XIE B G. The variation differences of cultivated land ecological security between flatland and mountainous areas based on LUCC[J]. PloS one, 2019, 14(8):e0220747.

[62] XIAO X, CHEN Y, RUAN J, et al. Land ecological security evaluation of underground iron mine based on PSR model[J]. IOP conference series: earth and environmental science, 2018, 111(1):012004.

[63] XU F L, ZHAO Z Y, ZHAN W, et al. An ecosystem health index methodology (EHIM) for lake ecosystem health assessment[J]. Ecological Modelling, 2005, 188(2):327-339.

[64] XU L Y, LI Z X, SONG H M, et al. Land-use planning for urban sprawl based on the CLUE-S model: a case study of Guangzhou, China[J]. Entropy, 2013, 15(9):3490-3506.

[65] XU L Y, YIN H, LI Z X, et al. Land ecological security evaluation of Guangzhou, China[J]. International journal of environmental research and public health, 2014, 11(10):537-558.

[66] XUE J B, ZHANG B. Impact of rural land consolidation on the changes of landscape

pattern: take Haiyan County as an example[J]. Advanced Materials Research, 2015, 3696:2870-2877.

[67] YE C S, FENG Y F. Ecological risk assessment for Pearl River Delta based on land use change[J]. Editorial Office of Transactions of the Chinese Society of Agricultural Engineering, 2013, 29(19):224-232.

[68] YE H, MA Y, DONG L M. Land ecological security assessment for Bai Autonomous Prefecture of Dali based using PSR model: with Data in 2009 as case[J]. Energy Procedia, 2011(5):2172-2177.

[69] YOU H Y. Assessing land ecological security based on BP neural network: a case study of Hangzhou, China[J]. Journal of Computers, 2013, 8(6):1394-1400.

[70] YU H, WANG G X, YANG Y, et al. Enhancing ecological value through sustainable food supply of grasslands in the Three-River-Source National Park, Xizang Plateau, China[J]. Ecosystem Services, 2020, 46:101218.

[71] YU M, WU J C. Research on species selection for vegetation restoration on uninhabited islands: take China's Qiaoliangshan Island as example[J]. Advanced Materials Research, 2013, 2480:1791-1794.

[72] ZANG Y J. Chongqing mine ecological restoration and management research[J]. Advanced Materials Research, 2014, 2914:1307-1310.

[73] ZENG W Z, LI L, CAI X, et al. The analysis of coordinated development between land intensive use and land ecological security: a case of Chengdu City[J]. Journal of Sustainable Development, 2010, 3(2):1-11.

[74] ZHANG J H, HOU X. Ecological effect of vegetation on the reservoir shore[J]. Advanced Materials Research, 2014, 3181:4230-4233.

[75] ZHANG J Y, GUAN X M, XIA R. Investigation and evaluation of land ecological status of coal mining subsidence in Huang Huai Hai Area[J]. Advanced Materials Research, 2015, 3696:3157-3160.

[76] ZHANG L, CHEN Y, WANG S T, et al. Assessment and early warning of land ecological security in rapidly urbanizing coastal area: a case study of Caofeidian new district, Hebei, China[J]. Ying yong sheng tai xue bao = The journal of applied ecology, 2015, 26(8):2445-2454.

[77] ZHAO H B, MA Y J. Spatial-temporal pattern and obstacle factors of cultivated land ecological security in major grain producing areas of Northeast China: a case study in

Jilin Province[J]. Chinese Journal of Applied Ecology, 2014, 25(2):515.

[78] ZHAO H B, MA Y J. Spatial-temporal pattern and obstacle factors of cultivated land ecological security in major grain producing areas of northeast China: a case study in Jilin Province[J]. Ying yong sheng tai xue bao = The journal of applied ecology, 2014, 25(2):515-524.

[79] ZHAO W Y, TANG X P, FEI Q, et al. The design of the self-propelled all-filming double-furrow vertical dropping accurate hill-drop planter for corn[J]. Applied Mechanics and Materials, 2014, 2839:159-163.

2. 中文文献

[1] 安静，程秋月. 基于主成分分析法的滁州市土地生态安全评价分析 [J]. 西安文理学院学报 (自然科学版) ，2019，22(1):86-89.

[2] 毕雪昊，梅艳. 江苏省内不同区域土地生态安全动态评价及比较——以无锡、南通、徐州为例 [J]. 价值工程，2017，36(3):63-66.

[3] 卞晓娣. 基于主成分分析法的安徽省滁州市土地生态安全评价 [J]. 云南农业大学学报 (社会科学) ，2017，11(6):83-87.

[4] 蔡鹭斌. 湖南省耕地质量监测布点方法研究 [D]. 长沙：湖南农业大学，2014.

[5] 曹丽萍，罗志军，段美儿，等. 基于 PSR 模型的袁州区土地生态安全评价 [J]. 江西农业学报，2017，29(7):117–121.

[6] 曾琬童. 基于 P-S-R 模型的湖南省土地生态安全评价 [J]. 安徽农业科学，2018，46(17):219–222.

[7] 陈广宇. 基于 PSR 模型的土地生态安全评价——以淮南市为例 [J]. 江苏农业科学，2018，46(10):272–276.

[8] 陈慧，付光辉，刘友兆，等. 南京市土地资源安全 SD 法评价研究 [J]. 资源科学，2017，39(5):846–859.

[9] 陈晓，王鹏. 基于 P-R-S 模型的土地生态安全评价与预测——以宁夏固原市为例 [J]. 宁夏工程技术，2018，17(01):85–90.

[10] 陈晓珍. 基于 P-S-R 模型和灰色预测模型的银川市土地生态安全评价 [J]. 农业科学研究，2018，39(1):22–26.

[11] 陈伊多，杨庆媛，杨人豪，等. 基于熵权物元模型的土地生态安全评价——重庆市江津区实证 [J]. 干旱区地理，2018，41(1):185–194.

[12] 程淑杰，王重玲，王婷. 基于 GIS 的宁夏中部干旱带土地利用生态安全动态评价 [J]. 水土保持研究，2017，24(4):342–348.

[13] 崔娟敏. 协调土地利用与生态环境建设研究 [D]. 石家庄：河北师范大学，2008.

[14] 崔增团. 加强耕地质量调查监测与评价确保粮食和农产品质量及生态安全 [N]. 甘肃经济日报，2016-08-08(003).

[15] 第珊珊. 基于熵权物元模型的甘肃省土地生态安全评价 [J]. 农村经济与科技，2017，28(13):36–38.

[16] 丁翔，白中科. 煤矿城市土地生态安全评价与预测：以山西省朔州市为例 [J]. 中国矿业，2018，27(3):81–86.

[17] 冯中声. 海原县土地利用与生态环境建设存在的问题及对策 [J]. 西部资源，

2012(6):65-66.

[18] 高建军，邢博文，杨凯. 基于熵权法的土地生态安全评价研究——以陕西省为例[J]. 西部大开发(土地开发工程研究)，2018, 3(8):46-49.

[19] 郭荣中，杨敏华，申海建. 长株潭地区耕地生态安全评价研究[J]. 农业机械学报，2016, 47(10):193-201.

[20] 郭宇伦，师学义，璩路路，等. 基于PSR-CPM模型的市域土地生态安全评价[J]. 水土保持研究，2017, 24(4):108-112.

[21] 郝利军. 农用地质量动态监测数据申报与预测[D]. 北京：中国地质大学（北京），2009.

[22] 何如海，卞晓娣，程玉祺，等. 基于PSR模型的金寨县土地生态安全评价研究[J]. 云南农业大学学报(社会科学)，2018, 12(5):101-106.

[23] 何如海，陆雅雯，周颖，等. 基于主成分-聚类分析法的淮河生态经济带土地生态安全评价研究[J]. 山东农业大学学报(社会科学版)，2019, 21(4):39-47, 129-130.

[24] 何如海，孙鹏，许典舟，等. 基于PSR的合肥市土地生态安全评价[J]. 长春理工大学学报(社会科学版)，2017, 30(3):118-122.

[25] 何新，姜广辉，张瑞娟，等. 基于PSR模型的土地生态系统健康时空变化分析——以北京市平谷区为例[J]. 自然资源学报，2015, 30(12):2057-2068.

[26] 侯林春，王瑛璇. 基于主成分分析的呼和浩特市土地生态安全评价（英文）[J]. Agricultural Science & Technology，2017, 18(7):1255-1259.

[27] 侯林春，王瑛璇. 基于主成分分析的呼和浩特市土地生态安全评价[J]. 湖北农业科学，2017, 56(9):1796-1800.

[28] 胡凤丽. 农用地产能核算及潜能释放研究[D]. 呼和浩特：内蒙古农业大学，2010.

[29] 华南. 生态保护走出新路径[J]. 中华儿女，2017(1):52-53.

[30] 黄辉玲，罗文斌，吴次芳，等. 基于物元分析的土地生态安全评价[J]. 农业工程学报，2010, 26(3):316-322.

[31] 黄辉玲，罗文斌，吴次芳，等. 基于物元分析的土地生态安全评价[J]. 农业工程学报，2010, 26(3):316-322.

[32] 黄烈佳，杨鹏. 长江经济带土地生态安全时空演化特征及影响因素[J]. 长江流域资源与环境，2019, 28(8):1780-1790.

[33] 黄美玲，吴乐知，伊茂麒，等. 土地生态安全预警及对策分析——以黄石市为例[J].

统计与管理，2018(2):116-119.

[34] 季文光，崔娟敏，李志文，等．基于 Kruskal 的拆旧区空间时序安排模糊聚类分析[J]．现代电子技术，2016，39(13):121-123+127.

[35] 江春燕，罗志军，赵杰，等．基于 DPSIR-TOPSIS 模型的江西省土地生态安全动态评价[J]．江苏农业科学，2018，46(17):294-298.

[36] 焦红，汪洋．基于 PSR 模型的佳木斯市土地生态安全综合评价[J]．中国农业资源与区划，2016，37(11):29-36.

[37] 解进飞，余健，房莉，等．熵权模糊物元模型在土地生态安全动态评价中的应用[J]．安徽农业科学，2019，47(4):1-7，11.

[38] 金兰，何刚．基于 EES-物元模型的淮南市土地生态安全评价[J]．中国环境管理干部学院学报，2018，28(5):37-41.

[39] 靳海霞，郭东潇．基于 PSR 的沁源县土地生态安全评价[J]．山西农经，2019(22):85，87.

[40] 赖其力孟格，张金亭，牛蓓蓓．基于文献计量学的中国土地生态研究进展[J]．水土保持通报，2016，36(6):333-338.

[41] 李朝仙，赵翠薇，谢人栋，等．基于三角模型的喀斯特地区土地生态安全动态评价：以贵州省遵义市为例[J]．贵州农业科学，2018，46(5):135-138.

[42] 李春燕，南灵．陕西省土地生态安全动态评价及障碍因子诊断[J]．中国土地科学，2015，29(4):72-81.

[43] 李德胜，王占岐，侯现慧，等．灰色关联投影模型在城市土地生态安全评价中的应用[J]．水土保持通报，2017，37(4):194-200.

[44] 李德胜，王占岐，蓝希．城市土地生态安全评价及障碍因子研究——以武汉市为例[J]．中国国土资源经济，2017，30(8):40-44，73.

[45] 李昊，李世平，银敏华．中国土地生态安全研究进展与展望[J]．干旱区资源与环境，2016，30(9):50-56.

[46] 李昊，南灵，李世平．基于面板数据聚类分析的土地生态安全评价研究——以陕西省为例[J]．地域研究与开发，2017，36(6):136-141.

[47] 李建春，袁文华．基于 GIS 格网模型的银川市土地生态安全评价研究[J]．自然资源学报，2017，32(6):988-1001.

[48] 李洁，赵锐锋，梁丹，等．兰州市城市土地生态安全评价与时空动态研究[J]．地域研究与开发，2018，37(2):151-157.

[49] 李荣华，张凌恺，刘欣，等．环首都绿色经济圈土地生态安全评价研究[J]．农

村经济与科技，2019，30(17):14-16.

[50] 李诗瑶，蔡银莺，田霞，等.城乡交错区耕地分区管护及生态补偿模式研究——以上海市浦东新区为例[J].长江流域资源与环境，2020，29(4):850-858.

[51] 李晓娜，邓忠坚，王秋华，等.1986—2015年滇西北地区土地利用类型时空动态研究[J].西南林业大学学报(自然科学)，2019，39(6):137-145.

[52] 李鑫，董斌，孙力，张长勤，李欣阳，盛书薇，汪庆，杨少文，汪涛，钱国英.基于TM像元的湿地土地利用生态风险评价研究[J].水土保持研究,2014,21(04):114-118+321.

[53] 李秀霞，周也，张婷婷.基于BP神经网络的土地生态安全预警研究——以吉林省为例[J].林业经济，2017，39(3):83-86.

[54] 李艳艳，高敏华，孜比布拉·司马义.民族自治区土地生态安全时空动态评价——以宁夏回族自治区为例[J].西北师范大学学报(自然科学版)，2019，55(4):107-117.

[55] 李玉照，刘永，颜小品.基于DPSIR模型的流域生态安全评价指标体系研究[J].北京大学学报(自然科学版),2012,48(6):971-981.

[56] 刘娇，张超，孙晓莉，等.基于DPSIR模型的云南省土地生态安全评价[J/OL].西南林业大学学报(自然科学)，2021，41(1):1-9.

[57] 刘鹏，周荣，姚德利.基于因子-聚类分析的土地生态安全评价[J].黑龙江工业学院学报(综合版)，2019，19(9):73-77.

[58] 刘琦，张宇龙.土地工程规划设计中农业用地与建设用地的差异性分析——以黄河西岸渭南段土地生态环境恢复治理工程为例[J].陕西建筑，2018(10):43-48.

[59] 刘晓恒，杨柳.基于DPSIR-TOPSIS和GM(1，1)模型的贵州省土地生态安全评价与预测[J].江苏农业科学，2018，46(15):292-297.

[60] 刘艳芳，明立彩，孔雪松.基于PSR模型与物元模型的土地生态安全评价——以湖北省大冶市为例[J].江苏农业科学，2017，45(5):271-277.

[61] 柳思，张军，田丰，等.2005—2014年疏勒河流域土地生态安全评价[J].生态科学，2018，37(3):114-122.

[62] 卢涛，王占岐，魏超，等.基于DPSIR模型的合肥市土地生态安全物元分析评价[J].水土保持研究，2015，22(4):221-227.

[63] 鲁雄，尹娟.澄江县土地利用及其生态安全评价[J].玉溪师范学院学报，2017，33(12):37-43.

[64] 罗彤琳.基于P-S-R模型的宁乡县土地生态安全评价[J].农村经济与科技，

2017，28(14):12-13.

[65] 吕广斌，廖铁军，姚秋昇，等.基于 DPSIR-EES-TOPSIS 模型的重庆市土地生态安全评价及其时空分异 [J]. 水土保持研究，2019，26(6):249-258, 266.

[66] 吕广斌，廖铁军.基于 DPSIR 模型的涪陵区土地生态安全评价研究 [J].科技创新导报，2019，16(5):122-124, 126.

[67] 吕添贵，李洪义，吴次芳，等.喀斯特地区土地生态安全评价及其影响机制研究——以贵阳市为例 [J]. 国土资源情报，2017(6):43-50.

[68] 马轩凯，高敏华.西北干旱地区绿洲城市土地生态安全动态评价——以新疆库尔勒市为例 [J]. 干旱区地理，2017，40(1):172-180.

[69] 马艳.基于熵权 TOPSIS 法的湖北省土地生态安全评价 [J]. 湖北农业科学，2019，58(8):28-34.

[70] 麦丽开·艾麦提，满苏尔·沙比提，张雪琪，等.叶尔羌河平原绿洲土地利用变化及土地生态安全评价研究 [J]. 土壤，2019，51(04):795-802.

[71] 孟莎，陈建龙，孙莹莹.基于 GIS 的土地生态状况安全评估 [J]. 国土与自然资源研究，2018(4):4-6.

[72] 宁玉科.常州市土地生态安全评价研究 [J]. 国土资源情报，2018(9):51-56+8.

[73] 欧定华，夏建国，欧晓芳.基于 GIS 和 RBF 的城郊区生态安全评价及变化趋势预测——以成都市龙泉驿区为例 [J]. 地理与地理信息科学，2017, 33(1):49-58.

[74] 潘铃，周兴.贵港市土地生态安全评价与时空动态研究 [J]. 江西农业学报，2019，31(3):113-118.

[75] 彭斌，顾森，赵晓晨，等.广西河流水生态安全评价指标体系探究 [J]. 中国水利，2016(3):46-49.

[76] 其丽格，黄海，刘学，等.基于熵权 - 模糊综合评判的土地生态安全评价 [J]. 技术与市场，2017，24(2):13-14.

[77] 邱亮亮，王倩，周笑白，等.基于压力 - 状态 - 响应模型的天津市土地生态安全评价研究 [J]. 绿色科技，2019(12):254-258.

[78] 茹小斌，孙玮健，牛劲达.区域土地生态安全评价研究——以北京市海淀区为例 [J]. 环境与可持续发展，2019，44(6):145-148.

[79] 施永胜，孙鸿睿.基于聚类分析的县域土地生态管护分区研究 [J]. 河北省科学院学报，2019，36(4):58-63.

[80] 苏正国，李冠，陈莎，等.基于突变级数法的土地生态安全评价及其影响因素研究——以广西壮族自治区为例 [J]. 水土保持通报，2018，38(4):142-149, 161.

[81] 睢党臣，姚星宇. 西安市土地生态安全评价研究[J]. 西安石油大学学报(社会科学版)，2018，27(5):19-24.

[82] 孙奇奇，宋戈，齐美玲. 基于主成分分析哈尔滨市土地生态安全评价[J]. 水土保持研究, 2012, 19(1):234-238.

[83] 孙艺宁，许嘉巍. 基于主成分分析的长春市土地生态安全评价[J]. 安徽农业科学，2017，45(34):207-210.

[84] 谭文兵，李雪梅. 灰色关联投影模型在土地生态安全评价中的应用[J]. 中国人口·资源与环境，2017，27(S2):111-114.

[85] 田原,李连营,江文萍,等.长江中游城市群土地生态安全评价及时空格局分析[J]. 北京测绘，2019，33(11):1291-1296.

[86] 汪磊，曹幸琪. 基于主成分-聚类分析的土地生态安全评价——以江苏省为例[J]. 农村经济与科技，2018，29(15):40-44.

[87] 汪磊，张觉文. 基于主成分聚类分析的山东省土地生态安全评价及其影响因素分析[J]. 江苏农业科学，2017，45(17):246-250.

[88] 汪雨琴，余敦，刘庆芳. 基于TOPSIS方法的土地生态安全评价——以神农架林区为例[J]. 江苏农业科学，2017，45(19):285-288.

[89] 王大海，张荣群，艾东，孙玮健. 基于EES-PSR的土地生态安全物元模型评价方法实证研究[J]. 农业机械学报，2017，48(S1):228-237.

[90] 王耽耽，杜崇，苏豪，等. 区域土地生态安全评估[J]. 农村经济与科技，2019，30(13):10-12.

[91] 王东芳，张飞，周梅，等. 基于多种空间静态指标的土地生态安全评价——以精河县为例[J]. 安全与环境学报，2017，17(2):753-759.

[92] 王晶，原伟鹏，刘新平. 哈尔滨城市土地生态安全时序评价及预测分析[J]. 干旱区地理，2018，41(4):885-892.

[93] 王兰霞，秦大海，孟祥民，等. 资源型城市土地生态安全评价——以黑龙江省鸡西市为例[J]. 安徽农业科学，2016，44(30):179-182.

[94] 王磊，郭灿，李慧明. 基于PSR-TOPSIS模型的宁夏回族自治区土地生态安全评价[J]. 水土保持研究，2016，23(6):154-159.

[95] 王磊，吴子龙，张浩，等. 河北省土地生态安全的研究进展[J]. 农技服务，2019，36(12):60-61，64.

[96] 王利强. 补充耕地工程质量标准构建的研究[D]. 保定：河北农业大学，2006.

[97] 王鹏，王亚娟，刘小鹏，等. 基于PSR模型的青铜峡市土地生态安全评价与预测

[J]. 水土保持通报, 2018, 38(2):148-153, 159.

[98] 王鹏, 黄荣. 基于土地利用变化的区域土地生态安全动态评价——以衡阳市为例[J]. 衡阳师范学院学报, 2019, 40(3):54-60.

[99] 王鹏, 王亚娟, 刘小鹏, 等. 基于PSR模型的青铜峡市土地生态安全评价与预测[J]. 水土保持通报, 2018, 38(2):148-153, 159.

[100] 王鹏, 肖芹. 湘南红壤丘陵区土地生态安全评价及障碍因子诊断——以衡阳市为例[J]. 衡阳师范学院学报, 2018, 39(3):88-93.

[101] 王新民, 漆建武, 李晓鸿, 等. 基于改进灰色关联模型的天水市土地生态安全动态评价[J]. 资源开发与市场, 2018, 34(02):188-193.

[102] 王钺, 郭小红, 阙怡, 等. 基于AHP的土地生态安全评价研究与分析——以四川省巴中市为例[J]. 国土资源科技管理, 2016, 33(6):94-100.

[103] 王振秀, 宋增科, 苏健. 鄄城县耕地分等成果应用研究[J]. 山东农业工程学院学报, 2016, 33(3):36-39.

[104] 王志尧, 王世东, 熊强. 焦作北部山前地带土地生态安全评价[J]. 测绘与空间地理信息, 2019, 42(10):57-60, 64.

[105] 魏黎灵, 李岚彬, 林月. 基于生态足迹法的闽三角城市群生态安全评价[J]. 生态学报, 2018, 38(12):4317-4326.

[106] 魏兴萍. 基于PSR模型的三峡库区重庆段生态安全动态评价[J]. 地理科学进展, 2010, 29(9):1095-1099.

[107] 吴剑, 陈鹏, 文超祥, 傅世锋, 陈庆辉. 基于探索性空间数据分析的海坛岛土地利用生态风险评价[J]. 应用生态学报, 2014, 25(07):2056-2062.

[108] 吴未, 陈明, 范诗薇, 等. 基于空间扩张互侵过程的土地生态安全动态评价——以(中国)苏锡常地区为例[J]. 生态学报, 2016, 36(22):7453-7461.

[109] 向丽. 长江经济带土地生态安全综合评价及比较研究[J]. 江苏农业科学, 2018, 46(7):282-286.

[110] 谢玲, 严士强, 高一薄. 基于PSR模型的广西石漠化地区土地生态安全动态评价[J]. 水土保持通报, 2018, 38(6):315-321.

[111] 谢亦欣, 袁章帅, 邹怡, 等. 基于PSR模型-熵权法的土地生态安全评价——以上海市为例[J]. 北京印刷学院学报, 2019, 27(8):94-98.

[112] 星亚楠, 杨海镇. 基于主成分分析的西宁市土地生态安全变化分析[J]. 农村实用技术, 2019(3):8-10.

[113] 熊丹丹. 南疆绿洲县级土地生态建设与保护区划研究[D]. 乌鲁木齐: 新疆大学,

2014.

[114] 熊建华. 土地生态安全评价研究回顾、难点与思考[J]. 地理与地理信息科学，2018，34(6):71–76.

[115] 熊建华. 土地生态安全评价指标体系构建的几个误区[J]. 国土资源情报，2019(4):22–26.

[116] 熊建华. 土地生态安全研究理论框架初探[J]. 国土资源情报，2018(7):22–27.

[117] 熊建华. 土地生态安全预警初探[J]. 国土资源情报，2018(4):30–34，40.

[118] 徐珊，杨光，张承舟，等. 基于 PSR 模型的城市土地生态安全评价：以青岛市为例[J]. 环境工程，2019，37(9):199–204.

[119] 许典舟，何如海，高采烈，等. 基于生态足迹的安徽省土地生态安全评价研究[J]. 云南农业大学学报(社会科学)，2017，11(5):35–44.

[120] 许思维，徐育红，赵小汎. 辽宁省土地生态安全评价及生态管理[J]. 安徽农业科学，2017，45(10):200–202，248.

[121] 许妍，高俊峰，赵家虎. 基于 GIS 的太湖流域主要生态风险源危险度综合评价研究[J]. 长江流域资源与环境,2014,23(03):335–343.

[122] 薛杰，徐颐，叶露锋. 基于 DPSIR 模型的南昌市土地生态安全评价及调控对策探究[J]. 南方农业，2018，12(12):171–172，176.

[123] 阳文成. 耕地质量评价体系与利用决策研究[D]. 长沙：国防科学技术大学，2005.

[124] 杨宝森. 新型城镇化与土地生态安全协调发展路径研究[J]. 决策探索(中)，2019(12):9–10.

[125] 杨建宇，张欣，李鹏山，等. 基于物元分析的区域土地生态安全评价方法研究[J]. 农业机械学报，2017，48(S1):238–246.

[126] 杨龙，侯宪东，马增辉. 基于 DPSIR 模型的西安市土地生态安全评价研究[J]. 西部大开发(土地开发工程研究)，2018，3(4):7–12.

[127] 杨青，逯承鹏，周锋，等. 基于能值–生态足迹模型的东北老工业基地生态安全评价——以辽宁省为例，应用生态学报，2016，27(5):1594–1602.

[128] 杨人豪，杨庆媛，曾黎，等. 基于 BP-ANN 模型的农村土地生态安全评价及影响因素分析——以重庆市丰都县为例[J]. 水土保持研究，2017，24(3):206–213.

[129] 姚罗兰. 基于投影寻踪模型的河北省土地安全生态评价[J]. 绿色科技，2019(18):122–123，126.

[130] 尹娟. 抚仙湖流域土地生态安全评价与优化[J]. 玉溪师范学院学报，2019，

35(3):98-106.

[131] 于海洋, 张飞, 曹雷, 等. 基于乡镇尺度的土地生态安全时空格局评价研究——以博尔塔拉蒙古自治州为例 [J]. 生态学报, 2017, 37(19):6355-6369.

[132] 于海洋, 张飞, 王娟. 博尔塔拉蒙古自治州近 20 年土地生态安全评价与趋势分析 [J]. 安全与环境学报, 2017, 17(2):760-767.

[133] 于淑会, 周向莉, 卿冀川, 等. 河北滨海盐碱土地生态安全评价 [J]. 中国生态农业学报, 2017, 25(5):778-786.

[134] 余文波, 蔡海生, 张莹, 等. 湖北省土地生态安全预警评价及调控 [J]. 环境科学与技术, 2018, 41(2):189-196.

[135] 余文波, 蔡海生, 张莹, 等. 基于 RS 及 GIS 的南昌市土地生态安全动态评价及分区 [J]. 水土保持研究, 2018, 25(4):244-249, 256.

[136] 余晓玲, 宋慷慷, 林珍铭. 工业城市土地生态安全评价及其障碍因子分析 [J]. 江苏农业科学, 2019, 47(11):271-275.

[137] 袁莉, 陈诗阳. 基于 PSR 模型的长沙市土地资源生态安全评价 [J]. 湖南工业大学学报 (社会科学版), 2017, 22(02):24-28.

[138] 詹文静, 杨国清, 白泽惠. 土地生态安全评价研究进展 [J]. 安徽农业科学, 2017, 45(22):148-150.

[139] 张博, 韩琳琳, 韩飞. 基于 DPSIR 模型的土地生态安全评价——基于 "一带一路" 沿线 18 个省份面板数据 [J]. 世界农业, 2017(8):101-105.

[140] 张成, 黄芳芳, 尚国琲. 土地生态安全预警系统设计与实现 [J]. 中国生态农业学报 (中英文), 2020, 28(6):931—944.

[141] 张成, 尚国琲, 黄芳芳, 等. 基于 MATLAB GUI 的生态压力预警系统设计与实现 [J]. 环境科学与技术, 2016, 39(5):200-205.

[142] 张贵军, 周智, 赵丽, 等. 昌黎县耕地资源安全评价 [J]. 河北农业科学, 2016, 20(6):85-89.

[143] 张海欧. 论土地工程生态化建设的必要性 [J]. 农村经济与科技, 2020, 31(11):40-41.

[144] 张红侠, 成忠旭, 张孝存. 基于投影寻踪模型的安康市土地生态安全评价 [J]. 江西农业学报, 2016, 28(11):94-98.

[145] 张宏伟, 阿如旱, 孙紫英, 等. 基于 GIS 的阴山北麓地区土地生态安全评价 [J]. 安全与环境学报, 2017, 17(6):2421-2426.

[146] 张洪, 王安琦, 宋贝扬. 基于 OWA 的大理市土地生态安全评价研究 [J]. 地理科

学，2017，37(11):1778-1784.

[147] 张磊，王君一，李茜，等 . 韧性视角下的天津市土地生态安全评价 [J]. 安全与环境学报，2018，18(5):2045-2051.

[148] 张茹，戴文婷，刘兆顺，等 . 我国北方农牧交错区土地生态安全评价——以白城市为例 [J]. 水土保持研究，2017，24(2):259-266.

[149] 张善金 . 耕地等别划分方法研究 [D]. 福州：福建师范大学，2004.

[150] 张晓霞 . 松抚区土地生态分区及其生态建设研究 [D]. 长春：东北师范大学，2016.

[151] 张飖，杨柳 . 基于主成分分析的贵阳市土地生态安全评价 [J]. 农村经济与科技，2017，28(1):25-29.

[152] 张召鹏 . 基于 CA-MARKOV 模型的辽宁省大连市金州区土地生态安全评价 [J]. 国土与自然资源研究，2018(1):27-30.

[153] 张志高，袁征，丁浩 . 基于主成分分析的安阳市土地生态安全评价 [J]. 安徽农业科学，2017，45(13):201-203，217.

[154] 赵海杨，胡宝清 . 基于熵权法的广西土地生态安全评价 [J]. 广西师范学院学报 (自然科学版)，2019，36(1):127-131.

[155] 赵军，戚晓明，白夏，等 . 基于物元分析的连云港市土地生态安全研究 [J]. 淮海工学院学报 (自然科学版)，2019，28(2):74-78.

[156] 赵军，戚晓明，汪艳芳 . 基于 PSR 模型的土地生态安全评价与预测 [J]. 蚌埠学院学报，2019，8(5):123-128.

[157] 赵天明，刘学录，于航 . 鄂尔多斯市土地生态安全评价及协调度研究 [J]. 国土与自然资源研究，2019(5):39-44.

[158] 郑雯，刘金福，王智苑，等 . 基于突变级数法的闽南海岸带生态安全评价 [J]. 福建林学院学报，2011，31(2):146-150.

[159] 周庆婷，何刚，杨静雯，等 . 基于 PSR 模型的土地生态安全评价——以淮北市为例 [J]. 安徽理工大学学报 (社会科学版)，2019，21(6):21-26.

[160] 周荣，刘鹏 . 基于灰色预测模型的土地生态安全评价 [J]. 中国环境管理干部学院学报，2019，29(4):36-40.

[161] 周蓉蓉 . 基于物元分析的内蒙古自治区土地生态安全评价 [J]. 世界农业，2017(12):217-224，260.

[162] 周迎雪，李贻学，孙仪阳，等 . 基于不同评价模型的土地生态安全评价——以山东半岛蓝色经济区为例 [J]. 中国人口·资源与环境，2016，26(S2):207-210.

[163] 朱乾隆，栾敬东. 基于改进 TOPSIS 模型的土地生态安全评价——以安徽省为例 [J]. 安徽农业大学学报 (社会科学版)，2018，27(3):36–41.

[164] 朱伟亚. 不同农业生态区耕地质量占补平衡评价指标体系研究 [D]. 保定：河北农业大学，2005.

[165] 朱晓伟，平宗莉，陈翠华. 基于文献计量的中国土地生态安全评价研究进展 [J]. 资源开发与市场，2016，32(11):1297–1301，1318.

后 记

本书为作者2019年承担的河北省社会科学基金重点项目"基于DPSIR视角的河北省土地生态安全风险评价研究"（项目编号：HB19JL001）的研究成果。

采用DPSIR-KRUSKAL与模糊聚类分析相结合的方法，对河北省168个县（市、区）建立土地生态安全DPSIR传导与影响框架，并运用KRUSKAL进行模糊聚类，对不同土地生态安全区进行级别划分。计算河北省各县（市、区）的土地生态安全综合分值（λ值），减少了人为主观因素干扰。比照已有相关研究，发现研究成果与本研究成果相一致，充分证明了基于DPSIR-KRUSKAL的土地生态安全模糊聚类评价方法的可靠性与实用性。在研究土地生态安全综合分值的基础上，通过土地生态安全变化及土地生态安全影响因素分析，得出以下结论：2010—2018年，河北省168个县（市、区）的土地生态安全状况不断转好，土地生态安全级别不断上升。安全等级1级区域增加了13个，5级区域减少了51个。其中，2010—2014年河北省南部平原区、中东部区、东部部分沿海区包括石家庄、保定、邢台、衡水、邯郸、廊坊、沧州、唐山的62个县（市、区）处于不安全等级；86个县（市、区）处于临界安全或基本安全等级。2014年以后，土地生态安全情况开始迅速由不安全级别向着临界级和基本安全级变化，河北省南部平原区、中东部区、东部部分沿海区的土地生态安全等级显著提高，安全、较安全和基本安全等级的县（市、区）明显增加，并开始以北京、天津、石家庄为中心，带动中南部地区城市群和周边县（市、区）安全等级稳步提升，主要原因是国家进行的退耕还林、土地安全治理工作取得了一定的成效。

使用DPSIR进行土地生态安全风险评价体系构建对数据的要求较为严格，需在分析土地生态安全风险的形成机制和机理的基础上，找到土地生态安全风险相关影响因素并对影响因素进行全面系统的甄别和取舍。各目标模块的构建要通过影响和传导路径联系，形成完整的模型。运用CRITIC-熵权法确立各评价指标的权重，能综合分析出各指标的对比程度、离散程度和相关程度，得出相对精确度更高的权重值，并作出客观的赋权。通过KRUSKAL进行模糊聚类，计算土地生态安全评价综合值，对不同土地生态安全区进行级别划分，延伸和丰富了土地生态安全风险评价方法，深化和扩充了土地生态安全风险的研究内容，为研究区域土地生态安全风险评价提供了新的思路和方法。该方法借鉴生态环境评估领域的相关模型和技术，准确计算出了带有普适性特征的评价模型中因素的定量关联性程度，特别是测度路径关联关系和均衡状态，是对目前采用的PSR、DPSIR、层次分析法以及生态足迹法的有效补充。此外，土地生态安全风险评价涉及影响因素的内在关联性的研究也具有一定的原始创新性。通过比照已有相关研究，充分证明了基于DPSIR-KRUSKAL的土地生态安全模糊聚类评价方法的可靠性与实用性。土地生态安全风险评价是在一定时期某个区域内的人类土地利用活动对环境、生态及生态系统的影响过程与效应。在土地生态安全评价研究中，应将土地生态安全评价和环境预测、预警有机结合，同时考虑景观生态方法在评价中的应用，而这也应该成为今后研究关注的方向。